원래 그랬어

하나님의 기적

김 원 래

목 차

"원래 그랬어" "원래부터"

"원래 그랬어" "원래부터"

조금 친한 사이가 되면 대화 중 불쑥 이런 멘트가 나오곤 한다. 어떤 경우에는 나이 차이도 많이 나는 다소 젊은 사람들도 어른들 틈에 끼어 "원래부터"라고 하면 함께 웃는 것으로 마무리되기도 한다.

한바탕 웃고 끝나기도 하지만, 한편으로 생각하면 다소 불편하기도 했었다. 그러한 내 마음과는 무관하게 좀처럼 "원래부터"는 잦아들지 않았다. 이름이 "원래"이니 어감상 그렇게 희화화 할 수 있는 일이지만, 본디 내 성품이 모나지 않아 나를 알고 있는 사람이나 모르던 사람도 모두 수월하게 친해지는 도구가 되었던 것 같다.

교회와 노회와 총회를 섬기면서, 전국남전도회연합회 회장과 서울지구장로회 회장과 기독신문 사장과 평단협 대표회장으로 섬기면서 헤아릴 수 없이 많은 하나님의 사람들과 교제를 할 수 있었다. 그 모든 순간은 하나님의 한량없는 은혜가 나에게 넘쳐났기 때문이다. 아주 중요한 문제의 해결을 위한 회의나 논의를 할 때에도 "원래 그랬어" 하면 모두 웃으면서 의견이 모아지는 것을 수없이 경험했다.

이렇게 되자 나는 이 말의 의미를 깊이 묵상하지 않을 수가 없었다. 그렇게 도달한 결론은 지극히 간단했다.

"원래부터" 태초부터 계신 하나님을 묵상하면 모든 것이 명확해진다. 이 세상을 창조하시고 사람을 창조하신 사실을 떠올리고는 무릎을 쳤다.

에덴은 하나님께서 창조하신 낙원이다. 아담과 하와 입장에서는 "원래부터" 있던 곳이었다. 신,구약 성경에 말씀하신 모든 일도 "원래부터" 있었던 율례나 계명을 기초로 한다.

예수님께서 우리를 위해 고난 받으시고 대속물로 죽으시고 부활하신 것도 하나님께서 "원래부터" 계획하신 것이다. 천년이 하루 같다는 말이 있는데, 이는 하나님 안에 있을 때를 이르는 말이다. 하나님은 전지전능하시니 우리가 계량하는 시간과는 상관없이 "원래부터" 쭈욱 계신 분이시라는 말이다.

하나님의 창조를 믿고 예수 그리스도의 보혈을 인정하는 사람은 "원래부터"의 신앙을 가져야 된다는 생각에 이르자 나는 "원래부터" "원래 그랬어"라는 말을 받아들일 수 있었다.

그래서 책 제목도 「원래그랬어」로 정했다.

내 인생의 여정을 돌아보면 궁핍했던 어린시절을 보내고 게다가 병약하기만 했음에도 잘 자라게 하시고 예수님을 영접해서 하나님께 영광 올려 드리는 도구로 써 주신 모든 것이 하나님의 은혜요, 은총이 아닐 수 없다. 도민증을 만들 때 이름을 "원래"로 올린 공무원의 잘못이 아니라 야곱이 이스라엘이 되었듯이 영래가 "원래"가

된 것이 오직 하나님 뜻이라고 생각하니 참으로 감사하다.

평생을 반추해 보면 하나님 아버지의 은혜가 아니면 한 페이지도 넘어갈 수 없다. 한 가지 한 가지 들춰 보면서 "원래부터 계신 하나님께" 영광 올려 드린다.

특별한 기적과 인연으로 평생을 함께해 온 아내 "김주옥 권사"와 우리 가정에 태어나 신앙의 유산을 물려받고 후대에 전할 세 딸 "혜라, 혜란, 혜진"이와 아들 "대영"에게 고마움을 전한다.

평생 사랑하는 "성림교회"와 담임목사님, 장로님들과 성도들에게도 감사를 드린다.

부족한 소양으로 잘못 기술된 것이 있으면 넓은 마음으로 헤아려 주시기를 바라며, 책이 나오기까지 힘써 주신 가리온출판사 양우식 장로에게 감사를 드린다.

원래가 태어났다

백운산과 광교산은 그리 높지 않은 산이지만, 숲이 울창하고 흙이 많은 육산으로 어머니의 품처럼 아늑하다.

경기도 용인군 수지면 고기리 혜꾸니는 두 산의 중간쯤에 위치해 있었다. 여러 가구가 사는 마을과는 달리 조금 떨어진 외딴집에서 할아버지와 할머니가 사셨고, 아버지는 홍자 준자 쓰시고, 이씨 봉자 순자 쓰시는 어머니 사이에서 8남매가 태어났다.

그 시절에는 10남매도 보통이던 시절이었으니 많은 건 아니었지만, 집안은 언제나 우리 8남매의 호두기로 그득했다. 나는 형님과 누님 다음으로 셋째로 태어났다. 내 이름은 "영래"였는데 늦은 나이에 초등학교를 졸업하고 도민증을 만들 때 담당직원이 실수로 "원래"로 접수하여 "원래"가 되었다.

동생으로 용래, 창래, 광래, 순분, 영분, 8남매 중 형님, 누님, 용래는 돌아가셨고, 5남매만 생존해 있다. 그때에 할아버지와 할머니께서는 손주손녀들을 사랑하셔서 우리들이 잘 노는 것을 보시고 몹시도 즐거워하셨다.

나는 어려서부터 홍역을 크게 앓아 형제들과도 어울리지 못할 정도로 몸이 약해서 할머니가 나를 돌보시면서 걱정하셨다. 혹시라도 죽지는 않을까 싶어 나 때문에 참으로 고생을 많이하셨고, 나를 살리려고 무던히도 애를 쓰셨다. 집 곁으로 흐르는 도랑에서 가재를 잡아다가 빨갛게 쪄서 억지로 먹이기도 하셨다.

가재 잡던 그 도랑은 산꼭대기에서부터 흘러내렸는데, 오늘날에는 상상도 할 수 없을 정도로 맑아서 식수로도 사용하였다. 우리 8남매는 이곳에서 물장구도 치고 목욕도 하는 놀이터이기도 했다. 그만큼 맑은 산 계곡물이었다.

그때는 내가 왜 그렇게 아팠는지 원인을 알 수가 없다. 그 시절에는 먹는 것도 부실하고 홍역으로 거의 죽을 지경이어서 어머니 아버지 형제들도 나를 위해 주었지만, 지금도 끔찍하게 살펴주신 할머니가 잊을 수가 없다. 어린시절에 가졌던 생각은 자라면서 더욱 잊혀지지 아니하고 그때 돌보아주셨던 것이 계속 생각난다. 내가 비실비실하며 행동하는 것이 측은하셨던지 내가 무엇을 하면 도와주시고 대견해 하셨다. "사랑하는 내 손자야, 무엇이든지 잘 먹고 건강해서 앞으로 큰 일을 하여 가문에 영광을 나타내어라." 하시고, 또 어떤 때는 "내가 없더라도 씩씩하게 자라서 튼튼하기를 바란다"하시며 등을 두들겨주셨다. 그런 말씀을 하실 때마다 대답을 하면 "그래 고맙다" 하시며 엉덩이까지 두들겨주시던 그 시절이 그립고, 특별히 할머니께 고마운 생각이 든다. 그렇게 나를 위하여 애쓰시던 할머니, 내가 어디 아프다고 하면 달려오셔서 안아주시던 고마운 은혜를 떠올린다. 아이들은 어릴 때 잘해 주는 사람을 잊지 못

한다. '그리 끔찍이 생각하시던 고마움이 있었기에 내가 오늘날 살고 있구나' 싶다.

나를 너무 사랑하시던 할머니께서 지병으로 고생하시다가 돌아가셨다. 자신도 병환으로 불편하셨지만, 내가 조금 아프다고 하면 억지로 일어나셔서 내 머리를 짚어보시며 살피시던 할머니께서 소천하셨으니 얼마나 슬펐는지 모른다. 그 슬픔을 이기지 못해 발버둥치면서 펑펑 울었다. 장례는 이웃의 많은 사람들이 도와주셔서 호상으로 치렀다. 나는 할머니를 찾으면서 퍽이나 많이 울었다. 나를 위하여 수고하시고 한 생명을 위하여 고생하시며 정성을 다하시고 아끼시며 돌봐주시던 할머니가 지금도 아련하다.

할아버지는 몇 해 뒤 내가 서울로 올라오기 직전에 돌아가셨다. 할아버지도 나의 병약함 때문에 늘 속이 많이 상하셨다. 잘 놀고 잘 먹고 자라는 손자손녀들처럼 튼튼하게 되기를 소원하여 지극한 정성으로 돌봐주셨고 돌아가시면서도 약하게 태어난 나를 측은히 여기셨다.

해방과 대한민국 건국

　　내가 살던 시절은 일제 36년 압박과 설움으로 억압당하며 자유 없이 36년 설움을 당하며 학교에서 우리 말을 못하게 하고 일본어를 하게 했다. 아버지 어머니께서는 학교에 다녀와서 일본어를 하는 형님들을 마뜩지 않게 생각하셨다. 그래서 내가 "형님, 부모님께서 일본어를 하는 것을 싫어하시냐?"고 물어보면 "부모님께서는 싫어하는 것이 당연하지만 어떻게 하겠냐? 학교에서 일본어로 숙제를 내어주니 안할 수가 없지" 하면서 "너도 크면 이해할 것이다"고 하였다. 그래서 나는 학교에서 하라고 하면 다 해야 하는 것이로구나 하고 생각하였다. 자식들을 학교에 보내면 모든 것이 일본사람같이 살아가야 하는데 뾰족한 수가 없었다. 우리 가정은 부모님과 형제들이 함께 살아가면서 우리 말만 사용하다가 일본어를 들으니 늘 불편하게 느끼시는 것이 당연하다. 그러나 같은 이웃끼리도 일본말을 서로 하기 때문에 불편함은 지속되었다. 형은 이런 형편에서도 더 열심히 공부를 해야 했다. 형님께서는 집에서도 편하지 못하고, 학교에서도 편치 못했던 듯하다. 그러던 어느 날 갑자기 거리

에 태극기가 휘날리며 사람들이 "대한민국 만세!"를 부르는 소리가
여기저기서 들려왔다. 서로서로 얼싸안고 춤을 추며 놀고 기뻐하
는 그 외침 소리에 나는 나도 모르게 따라다니며 군중들과 함께 "대
한민국 만세!"를 부르며 같이 뛰고 기뻐하였다. 얼마나 좋았으면 밥
먹는 것도 잊어버리고 춤을 추었다. 이제는 우리 세상이 왔다고 하
시면서 기뻐하고 즐거워하셨다. 그때가 1945년 8월 15일 해방을 맞
이한 날이다.

　우리 민족이 그렇게도 즐거워하고 많은 사람들이 얼마나 기뻤
으면 저렇게 즐거워하며 어린 아이들 같이 뛰실까 하면서 밤이면 불
을 밝히고 서로가 격동되어 덩달아 소리지르며 소니터로 동막골로
사람들이 가는 대로 쫓아다녔다. 밥도 주면 먹고 정말로 그렇게 큰
기쁨을 누리시는 어르신들을 처음 보았다. 어떤 할아버지는 살다가
오늘 같은 날은 세상에서 다시는 없는 듯 눈물을 흘리기도 하고 춤
을 추시는데 노인이 따로 없고 젊은이가 따로 없이 종일 뛰면서 찌
렁찌렁 "대한민국 만세!" 외치는 소리가 산을 울리며 남녀노소 할
것 없이 손뼉을 치면서 힘을 다하여 뛰던 때가 기억에 생생하다.

　많은 사람들이 모이니 장작불을 피워 놓고 소도 잡아서 구워 먹
었는데 나도 그 어린 나이에 뜨거운 고기를 얻어먹으며 "대한민국
만세!"를 불렀다.

　어른들은 흥분하셔서 축제를 벌였지만, 나는 너무 어려서 해방
의 그 진정한 의미를 잘 알지 못하였다. 어른들은 환희작약하며 농
사도 잘 짓고. 하루하루 평화롭게 살았다.

　해방을 맞이하여 만세를 부르는 데에 그치지 않고 어른들께서

는 정부를 세우는 데 마음을 다하였다. 그런데 뜻대로 되지 않자 우왕좌왕하는 순간에 남한에는 미군이, 이북에는 소련군이 주둔해서 나라가 양쪽으로 갈라지기에 이르렀다. 그래도 그때까지 남과 북을 자유롭게 다니면서 우리는 한 동포니 하나로 뭉쳐야 된다고 많은 사람들이 모이고 또 모이고 한다며 아버지께서는 이 나라가 어떻게 될지 알 수가 없다고 하셨다. 모임에 다녀오셔서는 다음부터는 안 가신다 하시며, 혼자 한탄만 하셨다. 삼천리 반도 강산이 하나가 되어야지 두 동강이 나서는 안 된다며 "어쩌나 어쩌나" 혼자 탄식을 하셨다. 그후 아버지는 한참 동안 혜꾸니 외딴집에 살면서 농사짓는 일에만 신경을 쓰셨다. 어느 날에는 멍하니 밖을 내다보시며 "대한민국이 두 동강이 났구나" 하시며 땅이 꺼질 듯 한숨을 내쉬셨다. 며칠 후 어디를 다녀오셔서 "남한은 이승만 대통령이 다스리고 북한은 김일성이가 나라를 다스리게 되었다"고 하셨다.

1948년에 대한민국에 초대 이승만 대통령이 취임했다. 그는 어떻게 해서라도 자유가 있고 평화가 있는 대한민국으로 세우고자 노력했다. 북녘땅이 공산화되는 것을 막지 못하고 미국과 소련 양국은 통일된 대한민국을 기꺼워하지 않으며 앞날을 위하여 내각과 국회를 구성하면서 하나님께 예배를 드리고 시작했다. 나는 어려서 어른들께서 무슨 말씀들을 하시는지 알지는 못했지만 나라가 나누어졌다는 말에 "같이 살아야지 왜 둘로 나뉘느냐?"고 생각하였다. 어른들께서 말씀들 하시는데 일제 치하에서 그 고통을 받으며 살아온 우리 국민이 또 갈라지는 것이 말이 되느냐 하면서 한탄하셨다.

해방의 기쁨도 잠시 잠깐 뿐, 이 나라가 두 동강으로 갈라지고야 말았다.

급기야 김일성이는 소련제 무기를 가져다가 남침을 하여서 대한민국을 무력으로 침공하고자 전쟁준비를 하고 있는 것을 남한에서는 전혀 모르고 있었다. 국민들이 잘사는 나라만을 생각하며 나라를 이끌어 온 이승만 대통령은 자유 대한민국을 만들려고 한결같은데, 김일성은 전쟁을 통해서 남한까지 공산주의를 만들려고 탱크며 총이며 소련과 손을 잡고 만반의 준비를 하고 있는 것을 깨닫지 못하고 있었던 것이다. 그때 남한은 파티나 열고 즐기며 화평을 즐기고 있었다. 공산화된 남한을 김일성이 꿈꾸고 있었던 것을 그때는 누구도 알지 못하였다. 억압에서 풀려나서 마음껏 자유를 누리며 행복하게 살게 나라를 이끄는 생각만 하였지 김일성이 이렇게 동족상잔 비극의 전쟁을 준비하고 있는 것을 모르고 있다가 한순간에 당하고 말았다.

호랑이를 만나다

그 때는 아무리 유복한 가정이라도 식량 사정이 넉넉하지 못하던 시절이었다. 특히나 형제가 많은 우리집은 말할 필요도 없었다.

양식이 바닥이 나는 춘궁기에는 더욱 심하여 산으로 들로 돌아다니며 더러는 삐비도 뽑아먹기도 하고 잔디처럼 생긴 풀이 여린 순을 내면 부드러운 그 순을 뽑아 먹곤 했는데, 그 맛이 달콤해서 좋아했다. 그것도 조금만 시간이 지나면 세어서 뻣뻣해지기에 먹지 못했다. 하얗게 꽃을 피우는 찔레는 이른 봄이면 튼실한 줄기를 하루에 몇 십 센티까지 내밀며 자란다. 살짝 꺾으면 똑 부러지는데, 배고프던 시절이라 욕심을 낸다고 가장 아랫부분을 잡고 부러뜨리면 간혹 그냥 꺾기기만 하고 부러지지 않는다. 그것은 이미 쉰 것이라 위로 조금씩 옮겨가면서 힘을 주어 보면 어느 지점에서 똑소리가 나면서 부러진다. 껍질을 벗기고 잘근잘근 씹어먹었다. 조금 텁텁하기도 하지만, 싱그러운 그 맛은 지금도 잊지 못한다.

그리고 명강 줄기 새순도 먹을 수 있었으나 그 맛은 조금 엉긴 젖 같은 느낌이다.

산 중에 있는 어느 곳에나 산딸기가 열렸는데, 그 새콤달콤한 맛은 '전설의 고향'에서 병이 위중한 어머니가 드시고 싶어할 정도로 맛난 열매이기도 하다. 많지는 않아 하루 진종일 싸돌아다녀도 못 만날 때가 있지만, 나만 아는 곳에는 해마다 발걸음을 옮기곤 했다.

싱아며, 어름이며, 고염도 그렇고 가끔은 파란 잎에 가리워진 개복숭아를 만나면 그 황홀한 맛에 매료되고 만다. 복숭아는 하나만 먹어도 배가 불러 오니 보통 횡재가 아니지만 늘 얻을 수는 없었다.

이른 봄은 양식도 다 떨어지고, 왕겨라고 하는 벼 껍질과 함께 뒤주에 둔 고구마도 풀방구리 드나들듯 손을 타니 남아날 틈이 없다. 동이 난 이른 봄 춘궁기에는 딱히 먹을 것이 없어서 산으로 괭이를 들고 칡을 캐러 가기도 했는데, 그 일 자체가 고된 노동이 되기 일쑤이다. 칡뿌리는 암칡과 숫칡이 있는데 씹을수록 단물이 나오고 쌀처럼 씹히는 식감의 암칡이 먹을 만했다.

사방 지천으로 핀 꽃들도 요깃거리가 되었는데 그나마 산에 피는 꽃 중에는 참꽃이라 하는 진달래가 먹을 수 있었다. 고급스러운 음식에 화전이 있다고 하지만, 언감생심 밀가루가 있을 턱이 없는 그 시절 진달래는 허기를 달래는 데는 그래도 그만이었다.

많은 식구들이 함께 살아야 하는 때라 항상 배가 고팠고 철없이 뛰어놀던 어린 내가 만발한 진달래꽃이나 따 먹어야겠다고 혼자 뒷동산에 올라갔다. 예쁘기는 하지만 좀 메마른 응달에 많이 피는 진달래 밭을 만나 정신없이 꽃잎을 따 입에 넣었다.

그런데 몇 발자국 떨어지지 않은 곳으로 집채만한 얼룩덜룩한 짐승 세 마리가 지나가고 있었다. 처음엔 아무런 생각도 없었지만 그 형형한 눈빛을 바라보고는 혼이 빠지고 말았다. 나는 겁에 질려 뭐라고 말하려 해도 입이 붙어버려 말도 못하고 발이 내 맘대로 움직여지지도 않았다. 말할 수 없는 두려움으로 떨고 있다가 나도 모르는 사이에 소리를 지르며 뛰어 내려왔다.

얼마나 무서웠는지 어떻게 내려왔는지도 모른 채 방으로 뛰어들어가 이불을 뒤집어쓰고 있다가 그만 잠이 들고 말았다. 깨어 보니 한밤중이었다. 너무 놀라 밥도 못먹고 그만 잠이 들었던 것이다. 잠이 깨어서는 한동안 다시 잠도 자지 못하고 눈만 멀뚱멀뚱 뜨고 멍하니 밤을 새웠다. 지금도 생각하면 어떻게 집까지 왔는지 생각이 나지 않는다.

그 시절에는 그곳에 호랑이가 많았다. 어른들께서 호랑이와 소가 싸우는 것도 봤다고 말씀하시는 것을 들었다.

아버지께서는 소 장사를 하셨는데, 하루는 아버지 친구분께서 오셔서 어제 늦은 밤길에 오다가 호랑이와 마주쳤는데, 앞서가던 소가 멈춰서서는 오히려 발로 자신이 서 있는 곳으로 유인하더라는 것이다. 퍼뜩 깨닫고는 소 곁으로 가까이 가니 한참 동안 호랑이와 대치하다가 소가 호랑이를 쫓으니 오히려 호랑이가 도망하여 천우신조로 살아 돌아왔다고 하더라고 말씀하셨다.

그때는 사실 호랑이가 어떻게 생겼는지도 자세히 몰랐던 때였다. 그러나 이후에 학교에 가서 책을 보니 그때 그 얼룩덜룩한 짐승이 호랑이라는 것을 알고는 기겁을 했다. 더욱 놀란 것은 맹수이고 육식동물인 호랑이가 어째서 나를 안 잡아먹고 지나쳤을까 하는 것이었다. 생각이 여기에 미치자 지난 일이지만 등에 식은땀이 나고 새삼 소름이 돋았다.

한참이나 세월이 지난 뒤에 어른들과 산꼭대기에 올랐는데 그곳 큰 굴이 호랑이가 살던 곳이라며 호랑바위라고 말씀해 주셨다.

누가 호랑이라고 하면 나도 모르게 놀라 그 자리에서 나와 버렸다. 어떨 때면 잠자다가도 그 생각이 나면 한동안 잠을 못자고 꼬박 밤을 지새는 날도 많이 있었지만 나 혼자만 생각하니 더욱 답답할 때가 많았다. 그런 생각에 잠자다가 꿈속에서도 나타나 어떨 때는 괴롭고, 힘들어 산에 가서 나무한테 화풀이도 해보고 소리도 질러 보아도 소용이 없었다. 그 시절에는 '이런 일은 입 밖에도 내지 말아야지' 하면서 지냈다. 그 말을 하면 형제들에게 놀림을 당할까 봐 말을 하지 않고 혼자 생각하면서 나날을 보냈다.

호랑이가 잡아먹지 않고 놓아준 것이 지금 생각하면 기적이 아닐 수 없다. 한 단계 더 나아가 신앙인으로서 생각하면 천지만물을 창조하시고 만세 전에 나 같은 어리석은 사람을 지으시고 사명을 주시고 완수하게 하시려고 우리 하나님 아버지께서 생명을 연장시켜 주신 것이라 생각한다.

아! 6·25

1950년 6월이다. 가물지 않았으면 이미 모를 냈을 시기인데, 오래 가물다가 다행스럽게 갑자기 많은 비가 오는 바람에 온 식구가 동원되어 논에 가서 모를 심고 있었다.

그런데 갑자기 하늘이 무너지는 소리가 났다. 깜짝 놀라 사방을 살펴보아도 아무것도 없는데, 그리 멀지 않은 곳에서 쉴새없이 쿵쾅거리는 소리가 나자 아버지가 빨리 집으로 가자고 했다. 다들 집으로 와서 이불을 뒤집어쓰고 있는데, 사방에서 엄청난 소리가 계속 들려서 보려고 하면 아버지께서 말씀하시기를 이 소리가 총소리, 대포소리다. 전쟁이 났다고 하시며 꼼짝도 못하게 하시고 정신을 차리고 가만히들 있으라고 하셨다.

얼마 있으니 모든 소리가 그쳤다. 밖으로 나가려고 하니 나가지 말라 하셨다.

우리집은 외딴집이었는데 군복을 입은 군인들이 와서 밥을 달라고 했다. 우리도 밥을 못 먹는데, 줄 것이 없어서 감자를 쪄서 주면 그것도 먹고 또 보리밥도 주면 먹고 갔다. 또 오면 감자도 삶아

주곤 하였다. 국군이 후퇴하다가 우리집에 와서 밥을 달라고 한 것이다.

장마도 끝났고 날씨가 좋아져서 다시 모를 심었다. 그런데 우리는 북에서 왔다고 하며 인민군이 "이제는 잘 살 수 있는 나라가 되었으니 걱정 말고 농사 잘 지으라"고 하고 그들이 남쪽으로 내려갔다. 겁도 나고 혼란스럽기는 했지만 우리는 열심히 일을 하고 농사를 잘 지었다.

전쟁이라고 하지만, 산골짝 후미진 곳에 위치한 외딴집이라 전쟁의 참상은 전혀 알 수 없었다.

어느덧 세월이 흘러서 곡식이 결실하는 가을이 왔다. 그런데 구장과 몇 사람이 와서 논에 가서 사방 1m씩 벼를 베어 털어서 저울에 달아보면서 서로 대화를 하고, 밭에 농작물도 보는 것이었다. 아버지는 앞으로 공출이 많이 나오겠구나 하셨다. 논에서 수확이 얼마나 나는지 계수하여 갔으니 속이지도 못하고 얼마를 내라 하면 그대로 낼 수밖에 없게 되었구나 하시면서 어려운 시절이 왔다고 말씀하셨다.

인민군이 후퇴하다

들판에는 벼가 누렇게 익었고 고추밭에는 고추가 빨갛게 익어서 보기에 좋은 계절, 날씨도 청명하고 평온해 보이는 날이라 우리 형제는 아무 생각 없이 놀다가 다투기도 하고 즐겁게 보냈다. 그러던 어느 날 인민군이 와서 밥을 달라 해서 우리도 먹을 것이 없었지만 고구마라도 삶아주면 그들은 며칠 굶은 사람들처럼 허겁지겁 먹었다. 얼마나 배가 고팠으면 저렇게 먹을까 하는 생각이 들 정도였다.

그런데 그들이 가면 또 다른 병사들이 와서 밥을 달라고 하였다. 그것도 하루에 몇 번씩이나 그러니 참으로 난감한 일이 아닐 수 없었다.

먹을 것이 흔하지 않은 것은 그래도 그러려니 할 수 있지만, 전쟁의 참화는 수많은 사람들이 총탄에 맞아죽었고, 같은 민족끼리 피 흘려 싸웠으니 지금 생각하면 어처구니가 없는 일이다. 동족상잔의 비극인 한국전쟁이 원망스럽고 불쌍한 민족이라는 생각밖에 들지 않는다. 왜 전쟁을 일으켜서 우리나라 국민이 많이 죽어가고, 국토는 초토화되고 국민은 먹을 것이 없어서 굶주림에 아우성 쳐봐도 아무 소용이 없는 그때는 처참한 시절이었다.

얼마 지나자 또다시 총소리가 났다. 이남으로 쳐 내려왔던 인민군이 후퇴하는 것이었다. 별 저항 없이 이북으로 도망하다시피 가는 것을 보면서 전쟁이 무섭다는 것을 피부로 느꼈다.

그들은 밤이고 낮이고 이동하였다고 했다. 처음에 좋은 세상이 왔으니 평등하게 잘 살 수 있다고 말한 게 엊그제 같은데 이젠 아무런 의욕도 없이 그저 겁에 질려 이북으로 도망치듯 뛰는 모습이 그때는 이해가 안되었는데 지금 생각해 보니 생명이 걸려 있으니 어찌 뛰지 않으리요.

전쟁은 다시 와서는 안 된다. 절대로 있어서는 안 된다.

국군과 미군이 오다

이제는 인민군이 북으로 가고 국군과 미군이 소리 없이 들어왔다. 가을이 되어 추수할 무렵에 미군이 들어와서 그들에게 소고기 깡통과 통조림 등 여러 가지 먹을 것을 얻어먹을 수 있었다. 그때는 처음 보는 것들이라 맛있는 것도 있고 먹지 못할 것도 있었다.

소니터에 가서 친구들과 같이 미군을 쫓아다니면서 콩, 고기 간스메(통조림)와 여러 가지 빵과 우유를 아이들과 다니면서 많이 얻어먹었다.

미군이 오기 전에 인민군이 6·25 한국전쟁을 시작해서 국군은 많은 병력이 전사했고, 대한민국이 부산 모퉁이에 자리잡은 풍전등화 같은 지경이었다. 그 시절에 하나님 아버지께서 대한민국을 사랑하셔서 꺼져가는 이 나라에 유엔군을 보내주셨다. 세계 여러나라에서 많은 병력이 와서 이 나라 이 민족을 도왔고, 그들을 사용하셔서 대한민국을 다시 세워 주셨다.

그래서 중앙청에 다시 태극기가 걸렸다. 많은 사람들은 유엔군 병력들을 보고서 이제는 해방이 된다고 했다. 사람들은 즐거워하며 이제는 전쟁이 없을 것이라고 다들 생각을 하고 있지만 전쟁은 지금도 전방에서 치열하게 싸우고 있다고 하면서 어느 때나 전쟁이 없는 나라가 되느냐고 하는 선배들의 하는 말을 듣고 지금도 전쟁을 하는구나 생각했다.

이 전쟁으로 인하여 수많은 사람이 목숨을 잃고 산천초목이 초토화되고 가옥은 불에 타고 황폐한 나라가 되었다. 이 나라가 통일이 되어야 전쟁이 없다는데 또다시 군인과 미군이 후퇴하는 것을 보게 되었다. 그리고 몇 개월이 되지 않아서 이땅이 남한에서 북한으로 북한에서 남한으로 바뀌는 참혹한 죽음의 전쟁이 날마다 계속되었다.

중공군이 오다

겨울이 되자 사방에서 꽹과리 소리와 피리소리가 들리더니 많은 군인들이 왔다. 그런데 말소리를 알아들을 수 없는 사람들이었다. 바로 중공군이 여기까지 온 것이다.

잠시후 정찰비행기 한 대가 돌고 가더니 난데없이 쌕쌕이 4대가 와서 폭격을 가하자 그 많은 중공군이 추풍낙엽처럼 죽어 갔다. 그때는 눈이 많이 내려 사방이 하얀 벌판 같았는데, 중공군은 하얀 이불을 쓰고 모두 엎드리니 전체가 눈 같아서 폭격을 잘 못하였다.

폭격을 하고 비행기가 사라진 뒤에 중공군들이 일어나서 가는 것을 문틈으로 내다보았다. 중공군은 폭격에 죽기도 하였고 부상당한 사람들은 소리지르며 살려달라고 아우성쳤지만, 그들이 무서워서 나가 보지도 못하고 그저 벌벌 떨고 있었다.

중공군은 몇 사람 중 한 사람에게만 무기가 있는 것 같다고들 하였다. 워낙 많은 숫자라 죽어도 죽어도 계속 오니 중공군을 보지 못한 사람이 없을만큼 다들 보았다. 말소리도 모르는 사람들이 죽어가고 여기저기에서 비명과 죽음이 부르는 소리로 울려 퍼지자 사람들이 죽어가는 것을 수없이 보면서 나는 오히려 사는 의미가 무엇인지 많이 생각하게 되었다.

그 시절은 짚신을 신던 때라 사람들은 죽은 중공군의 신을 벗겨서 많이 신었다.

미군이 평택까지 후퇴했다는 소문이 있었다. 거기서 다시 유엔군과 국군이 연합하여 다시 올라온다는 소문이 들리더니 대포소리가 크게 들리고 전쟁이 치열하여 밖에 나가지도 못하였다. 그런데 그때에는 수많은 중공군이 들어와서 또다시 국군과 미군이 올 수 있을까 믿을 수가 없었다.

국군과 미군이 또 오다

세월이 가서 중공군은 후퇴하고 미군과 국군이 북진하면서 수많은 중공군이 죽었다는 말들을 하였다. 전투는 치열하여 휴전선 백마고지에서는 밤이면 이북 땅이 되고, 낮에는 한국 땅이 되고 하루에도 수많은 병력이 죽어 나갔다. 이렇게 되자 미국과 중국이 이제는 전쟁을 하여도 큰 소득이 없이 병사들만 죽어가자 휴전을 하자는 말이 나왔다. 서로 마음이 맞아 추진하려 하니 이승만 대통령은 결코 받아들일 수 없다고 고집하였다. 하지만 결국 미국과 중국이 합의하여 전쟁을 끝내고 휴전을 공포하였다. 전쟁은 끝났지만, 그곳에서는 더이상 호랑이를 볼 수가 없었다.

우리집은 외딴 집인데도 전쟁을 네 번이나 접하였다. 치열했던 전쟁이 끝나고 어느 한날 말끔해 보이는 한 부부가 헤꾸니 우리집에 와서는 자신들이 함께 살 수 있게 방을 하나 달라고 하는 것이었다. 아버지께서는 우리도 방이 넉넉지는 않지만 사랑채에서라도 괜찮겠느냐고 말에 좋다고 하셔서 외딴 헤꾸니도 드디어 두 가족이 사는 고장이 되었다.

그 일로 기적 같은 일이 일어났다. 그분들은 피난민이라고 하지만 아주머니는 의술이 있으시고 아저씨는 공부를 많이 하신 훌륭한 분이셨다. 그분이 어느 날 나에게 "너는 학교에 안 가고 집에서 일만 하느냐?" 하셔서 "저는 어려서 많이 아파 학교에 못 갔습니다." 하고 말씀을 드렸다. "그러면 내일부터 우리집에 와서 공부할래?" 하셔서 "그러겠다"고 했다. 그러면서 아저씨는 "너는 열심히 해서 학교에 다니게 하겠다."고 했다.

나는 공부한다는 생각에 마음이 얼마나 설레는지 모른다. 그래서 내일을 기다리는데 하루가 어찌나 긴지 밤이 되어도 도통 잠이 오지 않아서 몇 번이나 깨어서 공부하면 어떤 글자를 배우는지 생각만 해도 마음이 설렜다.

공부를 시작하다

나는 기초 공부부터 시작했다. 처음 가서 배운 것이 ㄱ, ㄴ, ㄷ, ㄹ, ㅁ, ㅂ, ㅅ, ㅇ, ㅈ, ㅊ, ㅋ, ㅌ, ㅍ, ㅎ 쓰기를 통해 배우기 시작하였다. 처음은 이 자음들을 배우는 데도 오래 걸렸다. 오랫동안 복습을 하고 하루에도 몇 번씩 읽어도 잊어버리고 해서 다시 읽기를 반복해서 쓸 줄 알 때까지 오랜 시간이 걸렸다.

그다음 단계로 또 시험문제라고 주셨다. 그래서 나는 열심히 공부하여 ㅏ, ㅑ, ㅓ, ㅕ, ㅗ, ㅛ, ㅜ, ㅠ, ㅡ, ㅣ 모음을 공부하였다. ㄱ에다 ㅏ 자를 붙여서 '기억 아' 몇 번하니 '가' 가 되었다. ㄴ을 ㅏ에 붙여서 빨리 읽으니 '나'가 되었다. 어떤 글자건 가져다가 붙여서 빨리만 읽으면 글자에 발음이 나와서 한글을 마쳤다. 그리고는 계속 익숙해지기 위해서 자음과 모음을 붙여서 써 보기도 하고 발음도 하였다. 연하여 받침을 붙여서 공부했다.

숫자도 배웠다. 1, 2, 3, 4, 5, 6, 7, 8, 9, 10이 아라비아 숫자라는 것이다. 연속해서 100까지 쓰고 익힌 후에 더하기(+) 빼기(−)를 하면서 하나하나 배우며 신기한 뜻을 알게 되었고, 여러 가지 글자를 가져다가 맞추면 말이 되고 해서 길을 걸으면서도 중얼거렸다. 때론 산에 가서 나무를 가지고 이름을 지어 주기도 하며 기쁨으로 공부를 했다.

매일 숙제도 내 주셨는데 너무너무 좋아서 집중해서 배웠다. 항상 글자를 생각하면서 한 자 한 자 쓰다보면 내 마음에 기쁨이 생기고 감사했다. 공부를 할 때는 일하면서도 쉬는 시간에 글자를 외우고 또 보곤 했다.

ㄱ, ㄴ, ㄷ, ㄹ, ㅁ, ㅂ, ㅅ, ㅇ, ㅈ, ㅊ, ㅋ, ㅌ, ㅍ, ㅎ을 쓰고 ㅏ, ㅑ, ㅓ, ㅕ, ㅗ, ㅛ, ㅜ, ㅠ, ㅡ, ㅣ와 1, 2, 3, 4, 5, 6, 7, 8, 9, 10 이렇게 글자를 배워 편지도 쓰고 계산도 해보고 가, 나, 다, 라, 마, 바, 사, 아, 자, 차, 카, 타, 파, 하를 쓰면서 이런 글씨를 이 나라에 주신 분이 바로 세종대왕이라고 가르쳐주신 선생님의 말씀이 떠오른다. 앞으로 이런 글을 세계에 알려 대한민국을 빛내는 사람이 되라고 하셨다.

고기 분교에 편입하다

    드디어 학교에 다니게 되었다. 동생이 3학년인데, 나는 그보다 한 학년 아래 2학년이 되어서 학교에 다니게 되었다. 학교에 다니니 얼마나 많은 공부를 하는지 온통 신나고 즐겁기만 하였다.

    그당시 교과서에 나오는 철수 아버지가 장에 가시면서 장난감을 하나만 고르라고 하자 철수가 "하나만 하나만" 하고 중얼거리는 내용이 나온다. 그 대목을 배우고 선생님이 그것을 문제로 내셨다. 정답은 "하나만 하나만"이었다. 그런데 막상 답을 쓸 때는 생각이 안 나서 "하나만 그리고"라고 써서 한 문제를 틀리고 말았다. 그 문제만 맞췄으면 100점을 맞았을텐데 놓친 것이 지금 생각해도 아쉽다.

    그후로 시험을 볼 때는 생각을 많이하고 신중하게 답을 쓰는 습관이 생겼고, 삶의 전 과정에도 그 영향이 있었던 듯하다.

    4학년 가을이었는데 선생님께서 교무실로 오라고 부르셨다. 무슨 일인가 싶어 찾아갔더니 선생님께서 하시는 말씀이 네가 사친 회비를 못내서 오라고 했다는 것이다. 그러면서 "내가 곤란하니 아버지께 말씀드려서 빠른 시일 내에 가지고 오라"고 하셨다.

나무꾼이 되다

그때는 아버지께서 몹시 편찮으신 상황이어서 마음 편히 말씀드리기가 어려웠다. 여러모로 고민을 해 보았지만 집에서 돈을 만드는 것은 어려웠다. 그래서 생각한 것이 토요일 날 학교를 다녀와서 나무를 해다 팔아서 사친회비를 내 보기로 작정을 하였다.

나무를 해놓고 아침을 기다렸다가 일찍이 일어나서 수원을 향하였다. 그러나 내가 사는 헤꾸니에서 수원으로 가는 길은 나도 모르고 가르쳐 주는 사람도 없으니 보통 난감한 게 아니었다. 방향만 어림잡아 짐작하고 무턱대고 산을 넘고 또 넘어 수원을 향하였다. 그래도 나무를 지고 나왔으니 끝까지 가면 수원이 나오겠지 싶어 가다가 사람을 만나면 물어보았다.

사람들은 친절하게 자세히 알려 주었고. 무거운 나무 지게를 잠시 내려놓고 쉬면서 묻고 또 묻고 하면서 가다 보니 좀 번화한 것이 이제는 수원에 다 온 것 같았다. 잘 알지도 못하는 길을 그것도 30리를 무거운 짐을 지고 걸었으니 땀도 나고 지칠 수밖에 없었다. 정말이지 너무 너무 힘들고, 다리도 아프고 온몸이 아파서 죽을 지경이었지만 죽을 힘을 다하여 걷고 또 걸었다.

마침내 수원에 도착하다

나무를 지고 한참을 가다가 많은 사람들이 모여 있어서 나무를 내려놓고 또 물어보니 조금만 더 가면 된다고 일러주었다. 넓은 행 길이 나와 수원 가는 길을 물으니 곧장 가면 수원이 나온다고 해서 무척이나 기쁘고 안심이 되었다.

그래서 나무를 지고 한참 더 가서야 수원 매향동이라는 곳에 도착했다. 그러고 보니 몇 사람이 나무를 지게에 받쳐 놓고 나무 사러 오는 사람을 기다리는 눈치였다. 그래서 나도 한쪽에 자리잡고 나무짐을 내려놓았다. 얼마를 기다리니 어디서 오셨는지 한 분이 나에게 얼마에 파느냐고 물으셨다. 나는 사실 시세도 잘 몰랐을 뿐 아니라 처음이라 머뭇거릴 수밖에 없었다. 내가 머뭇거리자 그가 "내가 50환을 줄테니 나무를 지고 오너라." 하여서 아무말도 못하고 지고 가서 부려 주고 50환을 받아서 집으로 향했다. 집으로 돌아오는 길이 얼마나 멀었던지 내가 나무를 지고 갔던 길이 맞는지 의심이 들 정도였다. 걷다가 쉬고 쉬기를 반복해도 다리는 퉁퉁 부어 아프고 배는 고파 배가죽이 등짝에 붙는 것 같았다.

걷고 걸어 집에 오니 밤 11시가 넘었다. 집에 와서는 밥을 먹고 나서 바로 잠을 잤는데 아침이 그렇게 빠르게 오는 줄을 세상에 나서 처음으로 알았다. 몸도 매우 아프고 지쳤지만, 더욱 아픈 것은 다리였다. 나무를 지고 수원에 갔다 왔으니 다리 아픈 것은 당연했지만, 그런 것은 둘째 치고 학교에 빨리 가서 사친회비를 낸다는 생

각으로 마음이 부풀어 거의 뛰다시피 걸어서 학교에 당도했다. 도
착하자마자 교무실로 가서 사친회비를 내고 나오니 얼마나 나 자신
이 대견하고 뿌듯하던지 날아갈 것 같았다.

이렇게 하면 사친회비도 내고 떳떳하게 공부할 수 있는데 그동
안은 왜 그렇게 살았나 하는 생각이 들었다. 그래서 내 힘으로도 할
수 있겠다고 생각하면서 앞으로 사친회비는 내가 마련해야겠다고
생각했다. 내가 마음먹기에 따라 가능하기도 하고 불가능하기도 하
다는 생각이 들고 모든 것이 긍정적으로 생각하면 다른 이들에게 아
쉬운 소리 하지 않고도 살 수 있을 것 같은 자신감이 들었다.

그 후로 무엇이든지 내 힘으로 하기로 작정하고 학업에도 힘을
쓰고, 집에서도 내 힘을 들여서 무엇이든지 부모님께 보탬이 되어
효도하는 자식이 되고, 그런 마음으로 생활을 해야되겠다는 생각을
하니 가슴이 뿌듯해지고 작은 자부심이나마 용솟음쳤다.

학용품도 사다

새로운 생각을 가지게 된 후 무엇이든지 하면 된다는 힘이 솟았
다. 수원이 멀기는 하지만 누구한테 구차한 말을 할 필요 없이 내가
힘을 내면 될 일이었다.
일하며 공부하는 생각을 가지고 앞을 내다보며 필요한 일이 있

으면 또 나무를 팔러 갔었는데 그때도 순조롭게 잘 팔렸다. 돈이 없으면 나무를 지고 수원에 가서 팔아서 학용품이나 용돈도 감당했다. 말이 그렇지 15살에 나무를 지고 수원에 간다는 것은 지금 생각하면 꿈 같은 일이다. 걸어서 수원에 갔다 오라고 하여도 못 간다고 할텐데 나무를 지고 가다니 그것도 가는 길도 모르는데 산 고개 고개를 넘어 어디로 가는지도 모르는 길을 말이다.

이렇게 해서 국민학교를 17살에 졸업을 하고 집에서 농사일과 아버지를 도와서 열심히 일하였다.

신앙을 전수받다

그러던 어느 해 집 앞에 낙생저수지가 생기게 되었다. 그래서 우리 가족들은 아랫마을인 동막골로 이사를 하였다. 이사한 후 농사 일을 대신하여 수리조합 대부 뚝을 막는데 흙을 실어 나르는 쏠 구르마 끄는 일을 했다. 뚝을 막는데 한 번에 올라가서 흙을 파서 싣고 내려오는 수레인 셈이다.

나는 친구 형하고 짝이 되어서 같이 일을 하였는데 참으로 힘이 들었다. 날마다 죽을 힘을 다하여 밀고 올라가는데 내가 보기에 형은 요령이 있어 힘을 덜 쓰는 것 같았다. 그래도 참고 하루를 지나며 일을 하였다. 노가다 노가다 하는데 무엇을 하는 사람들이 노가다냐고 물으면 수리조합 저수지에서 일하는 사람들이 노가다 라고 한다는 것이었다.

쏠 구르마는 위험한 일이었다. 하지만 힘이 들어도 악착같이 열심히 일을 하였다. 쏠 구르마는 10대가 들어가고 나가는데 첫 번째 구루마는 제일 늦게 와서 빨리 흙을 싣고 떠나야 다음 순서 대기자가 떠나고 줄줄이 그룹을 지어 내려오고 올라가고 해서 하루를 마친다.

선배를 통하여 구원받았다

서울에서 대학교에 다니는 이 선배님이 집에 오셨다. 그는 우리
고향에서 신망이 깊은 분이다. 모두들 많은 기대를 거는 유망한 청
년이었다. 그런 그가 어느 날 병원에 가서 진찰을 하니 자신이 결핵
에 걸렸다는 검사 결과가 나왔다. 그는 요양을 해야 할 처지가 되었
고, 또 내가 많이 아프다는 소식도 들은터라 실기를 할까봐 이렇게
오게 되었다고 했다.

그는 서울에서 공부를 하면서 예수님을 만났다고 한다. 공부하
는 중에 기도 생활도 열심히 했는데, 기도할 때마다 내가 떠올라 나
를 위해 기도를 많이 했다고 한다. 내가 몸이 약해 고생했다는 말도
전해 들었다고 한다.

그 선배가 나를 만나러 왔다. 참으로 반가워 이야기꽃을 피웠
다. 그는 그동안 나를 많이 생각하고 특별히 기도하는 동안 하나님
께서 나를 구원하실 계획을 갖고 계시는 것을 확신했다고 한다. 그
러더니 내게 교회를 가자고 하였다. "너는 술도 안 먹고 담배도 안
피우는 것은 전능하신 하나님께서 너를 택하셔서 하나님의 아들로
삼으신 것이다. 내가 결핵병이 걸려서 요양차 고향에 온 것도, 이
복음을 전하는 것도 너를 사랑하셔서 너에게 이 복음을 알려 주고
너를 구원하시려는 계획이 있으신 것이다. 내가 아프지 않았으면
네가 예수의 말씀을 알겠느냐? 전지전능하신 하나님께서 한 사람을
살리시려고 나 같은 죄인을 보내신 것이다." 하시면서 내일은 주일

이니 교회에 같이 가자고 하셨다. 나는 뭔지는 몰라도 마음이 뜨거워지는 것을 느꼈고, 그 선배님이 사뭇 고마웠다.

　다음날 아침이 밝으니 집으로 찾아오셔서 광주머내 교회에 함께 갔다. 그후로 교회에 출석하게 되었고 옅은 신앙이지만 명맥을 유지하게 되었다. 특히 이 선배님이 나를 살리려고 서울에서 오셨고, 택하신 한 사람을 위하여 오셨다는 말씀이 무엇을 뜻하는지 다 알아들을 수는 없었지만, 말씀을 듣는 순간 내 마음이 뜨거워짐을 느꼈다.

　그때 선배님은 "한 사람의 생명이 온 천하보다 귀하다"고 하셨다. 그 말씀은 언제든지, 어디를 가든지, 내 귓가에 맴돈다. 어디를 가든지 무슨 일을 만나든지 어려움이 있을 적에도 선배님의 이 말씀이 생각이 나고 지금도 기도할 때면 그 말씀이 떠오른다.
　나 같은 죄인을 살리려고 오셨다는 선배님의 그 말씀이 "예수님"을 말씀하신 것이라는 것을 한참 후에야 깨달았지만, 지금 생각해도 복음의 정수가 아닌가 생각해 본다. '나를 구원하신 예수님, 감사합니다. 모든 시와 때를 주관하시고 장소와 시공을 초월해서 나를 살리신 예수님을 영원토록 찬양하리라.'
　호랑이가 지나가면서도 나를 살려 주신 이유를 어렴풋이나마 알게 되었다. 우리 하나님께서는 이 부족한 사람을 사용하셔서 많은 일을 하라고 하신 것이리라.

세월이 흐르고 장가들고 자녀를 낳아 살면서 아이들을 데리고 용인 자연농원에 가서 호랑이를 볼 기회가 생겼다. 그럴 때마다 끔찍한 그 날의 광경이 떠올라 몸서리를 친다.

지금 생각하니 우리 하나님께서 호랑이의 눈들을 가리시고 나를 돌보셔서 여기까지 오게 하신 것이다.

선배님께서 말씀하신 대로 '생명이 있는 동안 복음을 위하여 최선을 다하여 살고, 고귀한 믿음을 부족한 나에게 전수하셨으니 무엇이든지 복음을 위해서는 최선을 다해야겠다'고 다짐했다.

서울 입성

　시골살이란 농사 짓는 것과 수리조합 공사에서 노가다하는 것 외에는 사실 단조롭기도 하고, 또 형편이 별로 좋지도 않은터라 고향을 떠나 도회지로 진출하는 사람들이 많았다. 수원에 사는 사람도 있고, 많은 이들은 서울에서 자리를 잡고 사는 사람도 있었다.

　하루는 국민학교 친구가 서울에서 내려와서 같이 놀면서 여러 이야기를 하는데 시골 사는 나보다는 때깔도 나는 것 같고, 세련되어 보이기도 해서 나도 서울에 가면 일할 수 있느냐고 물었다. 그러자 그는 물론 일할 곳은 있지만, 서울이라고 다 좋은 것은 아니라며 여기에 있는 것이 나을 것이라고 했다. 그런데도 내가 적극적으로 올라갈테니 너와 같이 살자고 했더니 오고 싶으면 오라고 하면서 주소를 적어주고 갔다.

　그래서 나는 서울로 가기로 결심하고 아버지께 말씀을 드렸다. 그러자 아버지께서는 서울에는 왜 가려는 것이냐고 물으셨다. 나는 순간 "친구가 다녀가라 해서요." 라고 말씀드렸다. 사실 거짓말이긴 하지만 달리 드릴 말씀이 없어서이기도 했다. 결국 그렇게 고기리에서 서울로 가는 첫 발을 옮긴 것이다. 그날은 하필 날씨가 좋지 않고 진눈깨비까지 내리는 날이었다.

고분제 고개를 넘어서 한참을 갔다. 노량진에 도착해서 내 생전 전철을 처음 보았다. 전철을 타고 시내로 가서 사직공원을 찾아서 갔더니 정춘식이는 구두닦이를 하고 있었다. 구두 닦는 것을 배우려고 하니까 친구가 말리면서 며칠 있다 내려가라고 하였다. 그때서야 '시골에 있는 것이 나을 것'이라는 말의 뜻이 무엇인지 어렴풋이 알게 되었다. 춘식이집 바로 옆에 아이스케키를 만드는 공장이 있었다. 보니 그곳에는 제법 여러 명이 아이스케키를 판매하고 있었다. 다짜고짜 그 집에 가서 나도 아이스케키를 팔겠다 하니 "네가 누군데 믿고 아이스케키를 주겠냐"고 하여 내 도민증을 맡기고 드디어 아이스케키 통을 메고 판매를 하게 되었다. 물론 시골 살면서 익힌 정직하고 열심을 내는 품성을 무기삼아 열심히 팔았다. 어떤 경우에는 팔다가 아이스케키가 녹아서 팔지 못하게 되면 그것도 계산에서 빼주지 않아서 가져간 숫자대로 다 돈을 지불하기도 했다. 그렇게 다른 사람보다 더 열심히 팔면서 최선을 다하였다.

그 즈음 나는 이 선배님께서 전수하신 복음이 마음속에 깊이 자리를 잡았다. 그가 권한대로 주일이면 교회 가라고 하신 생각이 나서 교회에 나가서 주일을 지키고, 다음날 더 열심히 팔았다. 하나님께 기도하며 아이스케키를 외치면 많은 사람들이 와서 열심히 외치며 아이스케키를 파는 총각이라고 제법 많이들 사주셨다.

동창인 김화순과의 만남

서울에서 살게 되자 주변에 몇몇 동창들도 만나게 되었다. 국민학교 동창인 김화순도 그중에 하나였다. 그는 남편하고 두부공장을 하고 있었다. 그의 신랑이 와서 서로 인사를 하고 환담 중에 두부공장에서 같이 일해 보면 어떻겠느냐고 했다. 사실 주거와 일자리가 변변치 않은 내게 희소식이기도 했다.

공장엘 가서 보니 거기서 일하는 사람들이 담배를 하도 많이 피워서 보통 고역이 아니었다. 그때에 이 선배님 생각이 나서 기도를 드렸고, 기도 중에 좋은 생각이 떠올랐다. 하지만 이 일은 사장님께 허락을 받아야 되는 일이라 먼저 하나님께 기도하고 말씀을 드렸다.

"직원들이 담배를 너무 많이 피워 같이 있기가 무척 어려우니 공장 옆 공터에 방을 들여서 지내면 어떨까요?" 하고 말씀드렸더니 아주 선선히 "참 좋은 생각이라!"고 하며 만들라고 허락을 해주셨다. 거기다가 방을 크게 만들어서 나는 그곳을 혼자 쓰면서 두부도 만들어 팔기도 하고 모처럼 안정되고 기분 좋은 나날을 보내고 있었다.

어느 날 친구오빠 김일동이 왔다. 그 형은 명절 때면 시골 고향에서 본 분으로 그리 친밀한 편은 아니었지만 고향 분을 서울에서 보니 더욱 반갑고 기뻤다. 고향 형벌되는 분을 만나게 되니 친구처럼 스스럼없이 여러 가지 대화를 나누게 되었다. 대화 도중 내게 복음을 전해 준 이 선배가 소천했다는 말을 듣게 되었다. 너무 놀라

서 정말 가슴이 철렁했다. 그토록 나를 구원하기 위하여 하나님께
서 자기를 보내주셨다고 했던 선배님, "한 생명을 위하여 하나님께
서 나를 너한테 보내셨다" 하셨던 그분의 소천 소식에 말을 잊지 못
하고 정신이 나간 것 같이 멍해지고 말았다. 내 표정이 너무 의아했
던지 화제를 돌려 정신을 차렸지만, 이 선배가 나를 위하여 하나님
께서 자신을 보내셨다는 그 말씀이 또다시 떠올라 펑펑 울었다.

두부공장이 오빠에게 넘어갔다

어느 날 두부를 배달하고 왔는데 고향친구 형이 불렀다. 그는
내가 이 공장을 인수하고자 하는데 네가 나를 위하여 일을 좀 해줬
으면 좋겠다고 했다. 뭐 별다른 계획이 있었던 것도 아닌터라 그러
겠다고 대답을 했다. 우선 내가 지은 방을 같이 쓰자고 해서 그때부
터 미화, 미경, 대한이, 처제, 형 부부 여섯 식구와 내가 한 방에서
살았다.

두부공장에서 기거하면서 낮에는 집 뒷 골목께에서 양말목에
들어가는 고무줄을 만들고 있었는데 "네가 앞으로 일할 곳이 후암
동 여기다." 라는 것이었다. 그런데 그 집이 바로 우리나라 초대 참
모총장 며느리네 집이었다.

장군이 6·25때 겪은 일화를 들려주었다.

장군께서 작전 나가기 전 집안 식구들을 부르시더니 "만약 우리

가 헤어지면 평택 어디에서 만나자"고 하셔서 운전수인 그 형은 지프차를 대기하러 나갔고 부관이 동행했다. 장군께서 차를 타시면서 만날 장소를 말씀하시며 "다들 알았지" 하시고, 밤에 미아리고개로 가자 하셔서 고개를 넘어가는데 앞에 시커먼 것이 있어서 라이트를 켜 보니 인민군 탱크가 와서 서 있더란다. 작은 소리로 '탱크다'라고 말하고는 뛰어서 그 길로 헤어져 장군께서 지시하신 곳으로 갔더니 부관이 먼저 와서 기압을 받고 있었단다. 그래서 들어가니 사모님이 "너는 장군님을 어찌하였느냐" 해서 사실대로 말씀드렸더니 "그럴 수가 있느냐 장군님이 어디로 간지도 모르는 너희가 군인이냐"고 하시며 부관과 형의 머리카락을 잡고서 머리가 뽑히도록 잡아 흔들었다. '과연 내가 장군님을 모시는 운전수인가?' 반성을 하게 되었다고 한다. 그런데 부관도 빌고 "죄송합니다." 하면서 울길래 자신도 모르게 눈물을 흘리며 장군님을 잘못 모셨구나 하였다.

그날 다행이 장군이 돌아오셔서 그간 고생하신 이야기를 들으니 나룻배를 타고 한강을 건너서 왔다고 하시더라는 것이다. 장군이 돌아오셔서 다행히 머리를 더 뽑히지 않았다고 했다.

나는 후암동 큰며느리 사모님도 알게 되고 아들들도 알게 되었다. 몇 달도 안 되어서 하루는 두부를 만드는데 후암동 사모님이 오셔서는 이 공장을 내가 인수하였으니 네가 모든 것을 맡아서 공장 책임자로 일을 해달라고 하셨다. 나는 두려운 마음에 안 된다고 하자, 그러면 후암동 사모님은 못 한다고 하시며 일동이 형을 불러서 "저 사람이 나가면 이 공장을 안 한다"고 하시며 계약서를 내놓고 나가버리셨다. 그러자 고향 형과 두 부부는 나에게 사정을 하는 것이었다. 그래서 나는 "형님이 공장을 해서 할 수 없이 있었는데 이제 다른 분이 공장을 하면 제가 어떻게 할 수 있겠냐"고 하니까 형수님이 통사정을 하며 울면서 딱한 사정을 말씀하신다. 두 분이 사정하니 거기 있으면 안 될 것 같아서 밖으로 나갔다.

한강 뚝에서 하나님께 기도를 했다. "하나님, 어떻게 하면 되나요?" 기도하면서 좀 많이 걸었다. 하나님께 간구하면서 거래처에 다니며 수금하다 오니 시간이 많이 흘렀다. 그런데 그때까지 후암동 사모님이 안 가시고 기다리다가 나를 보고 들어오라고 하시더니 세 분께서 사정을 하시면서 나와 같이 공장을 잘하여 다같이 잘 살자고 설득하시는 것이었다.

그래서 다시 한 번 생각을 돌이키게 되었다.

형님을 보나 형수님을 보나 거절을 하면 안될 것 같았다. 그래서 "형님네는 어디로 가시냐"고 하니 말을 못하였다. 한참 있다가 형수님이 "우리는 염려하지 마시고 여기 계세요. 사정이 이렇게 되었으니 또 갈 데를 알아보아야지요." 하면서 말씀하셔서, 나는 고향에 형님벌 되시고 동창인 친구오빠라 계약서에 김원래가 공장에서 일하는 조건을 명시하여 계약서를 썼다. 그런데 후암동 사모님이 공장을 하시는 것으로 알았는데 막상 이사를 오시는 분은 후암동 사모님의 동생분이셨다.

"이 사람이 내 동생이네" 하면서 인사를 시키셔서 처음으로 인사를 하였다. 그런데 보니 슬하에 내 동생벌의 애들이 6명이었다. 아이들이 한결같이 오빠, 형 하면서 잘 따라주어 금방 서로 장난도 치며 동기같이 느끼지며 친해졌다. 준옥이는 상명중학교에 다니고, 주옥이는 수도중학교에 다니고, 종옥이는 성도초등학교에 다니고, 성도, 명옥이, 병도 순이었다.

몇 개월 후 갑자기 주옥이가 아파서 삼각지에 있는 시립병원에 입원을 하게 되었다. 사장님은 간병을 하느라고 몇 달 동안 병원에 계셨다. 병원에는 주옥이가 살려 달라고 얼마나 우는지, 그 울음소리에 다들 슬퍼했다. 그 동에 있는 사람들 모두가 주옥이가 불쌍하고 안됐다고 한 지가 7개월째, 많은 사람들이 애처로워하였다. 나는 병원에 다녀와서 '주옥이를 살려 주세요.' 기도하면서 열심히 두부 만들고 팔아서 최선을 다하여 공장을 운영하였다.

어느 날 병원에서 나를 오라고 하여 갔더니 후암동 사모님이 주옥이가 죽었으니 집에 가서 주옥이 옷을 가지고 오라 하신다. 그렇게 아파하며 울던 아이가 죽었다고 하자 여기저기에서 술렁술렁댔다. 내 마음이 꽉 막혔다. 집에 와서 준옥이한테 말을 해야 하는데 어떻게 말을 해야 할지 망설이다가 "병원에서 주옥이 옷을 가져오라 하니 옷을 달라"고 하였다.

기적의 하나님

　"서울대병원으로 가주세요." 내 목구멍에서 뜻밖의 말이 나왔다. 사모님이 준옥이에게 가서 새 옷을 가져오라는 말씀이 무엇을 말하는지 짐작하고 있었기에, 집으로 가서도 준옥이에게 뭐라 말할까 주저하고 마음이 무거웠다. 사모님은 깨끗한 옷으로 갈아입힌 주옥이를 품에서 넘겨주셨다. 주옥이가 죽는 것도 문제이지만 사장님이 밤새껏 저렇게 통곡하고 있었으니 기진하여 몸 상할까봐 보통 걱정이 되는 것이 아니었다. "자네가 잘 묻고 오게. 사망진단서는 내가 받겠네." 거의 쓰러질 듯 말씀하셨다. 죽어서 산에 묻으라 하시니 산으로 갈 택시를 타기 전에 누가 들을세라 귓속말로 말씀하셨다. "양지바른 곳에 파 묻어주게."

　지난 7개월 동안이나 병상을 지킨 부모님이니 마음은 또 얼마나 찢어졌을 것인가? 사랑하는 딸을 장례도 치르지 않고 직원인 내게 묻고 오라고 하는 그 심정이 얼마나 애타고 힘들었을지 나는 반이라도 알았을까? 하지만 그처럼 생기발랄하고 다소곳했던 주옥이가 죽어 묻으러 가야 하는 내 마음도 두려움 반 애잔함 반으로 도무지

갈피를 잡을 수가 없었다. 차창 너머로 눈물을 훔치는 사장님을 뒤로하고 시립병원을 떠나오면서 나도 몰래 "하나님 어떻게 할까요?" 저절로 기도가 나왔다.

택시기사는 머뭇거리며 내게 목적지를 재촉하며 물었지만 너무나 마음이 아픈 나는 그 말은 허공의 메아리처럼 공허할 뿐이었다. 서너 번 반복하여 물어도 대답이 없자 기사는 드디어 역정을 내었다. 그랬다. 나는 지금 죽은 주옥이를 양지바른 산으로 묻으러 가는 길이었다. 어디로 가느냐는 기사의 추궁은 사실 추궁이 아니고 당연한 물음이었다.

그런데 내 울대를 밀고 올라온 말은 의외로 북한산도 관악산도 아닌 서울대병원이었다. "서울대병원으로 가 주세요." 택시기사는 그때야 속도를 내기 시작했다. 가는 내내 나는 택시기사에게 안 들릴 정도로 작은 소리로 간절히 기도했다.

도착한 택시가 서울대병원에 멈추자마자 응급실에서 마치 주옥이가 오는 것을 알고 대기한듯 우리를 맞이한 한 분이 있었다. 그분이 급하게 이리저리 지시하니 주옥이는 응급 침대로 옮겨지고 모든 게 일사천리로 진행되었다. 그제서야 나는 조금은 안심이 되었지만, 이미 죽었다고 생각하고 산에 묻으려고 했던 상황이니 회생은 꿈도 못꿀 기적이었다. 그래서 괜한 일은 아닌지 염려스런 마음만 스쳐지나갔다.

우선 수속을 밟고 나니 곧바로 수술실로 들어갔다. 얼마나 기다렸을까? 그저, 단지 가진 것 없고 의지할 곳 없는 내게는 오직 하나님만이 전부였다.

수술실 앞 복도 긴 의자에 앉기도 하고 서성거리다가 기도하였다. “하나님 아버지, 우리 주옥이를 살려주세요.” “하나님 아버지, 제게는 하나님 아버지뿐이잖아요.” 기도를 하는 동안 간절함은 더욱 가슴을 파고들었다. 마침내 수술실에서 나오며 마스크를 반쯤 벗은 의사선생님이 나를 보고 환자와 어떤 사이냐고 물으셨다. 그러나 마음이 급한 나는 먼저 속사포를 쏘았다.

“수술을 하셨나요?” “그래 수술은 잘 되었다.” 하신다. 그 말씀에 나도 모르게 눈물이 나왔다. 어떻게 이런 일이 있단 말인가? 병원에서 죽었다고 해서 후암동 사모님께서 옷을 가져오라 하셔서 옷을 가져다드렸고, 주옥이를 주시면서 양지바른 곳에 잘 파묻고 오라 하셨는데, 다시 살았다고 한다. 죽었던 주옥이가 살아났다는 것이다. 이것이 기적이 아니고 무엇인가 생각하다 나도 모르게 “하나님 아버지 감사합니다.” 하면서 눈물을 흘리니 그분은 어디론가 가신 뒤였다.

꿈같은 일이었다. 도저히 사람으로서는 상상할 수 없는 기적 같은 일이 일어난 것이다. 택시 안에서 마음속으로 전지전능하신 우리 하나님께 기도했을 뿐인데, 택시 운전사가 어디로 갈까요 했을

때, 산으로 가자고 했으면 내가 주옥이를 산에다 파묻고 왔을 것이
다. 그 생각을 하니 혼미하여 정신이 나간 것 같았다. 만약 이 택시
에 사장님이나 사모님이 함께 탔다면 서울대병원으로 오지는 못했
을 것이다.

'세상에 그 짧은 순간에 옳은 판단을 하게 하신 분이 하나님이
시구나. 이런 일도 있구나' 하면서 감사기도를 드리지 않을 수 없었
다. 시간이 가늠이 가지 않았다. 얼마나 지났는지 잠시 어디를 다녀
오신 그 의사분이 다시 오셔서 내게 또 물으셨다. "환자와는 어떻
게 되는 사이냐"고. 그래서 "제가 일하는 공장의 사장님 딸이고 저
는 직원입니다." 하고 자초지종을 말씀드렸다. 적잖이 놀라는 표정
으로 "그러냐?"고 하시면서 "수술이 잘 되었으니 이젠 걱정 말고 한
주간 지켜보고 나서 대수술을 해야 된다." 하시며, "아까 보니 기도
하는 것 같던데 열심히 전지전능하신 하나님께 함께 기도하자" 하
시며 걸음을 옮기셨다.

기쁜 마음으로 후암동 사모님에게 전화를 드렸더니 "그래 양지
바른 곳에 잘 묻고 왔느냐?"고 하며 슬픈 음성으로 말씀하신다.

"아니요" 하니 "왜 어찌 되었는데" 하시며 목소리가 커졌다. 서
울대병원에 있다고 하니까 정말 놀라 물으셔서 자초지종을 말씀드
렸다. 택시를 타고 가는 도중 기도를 하고 있었는데 어디로 가느냐
는 택시운전사의 말에 나도 모르게 서울대병원으로 가자고 하여 서
울대병원에 도착하니 마치 응급실에서 김주옥이를 기다렸다는 듯이
한 사람이 급히 환자를 응급실로 옮겨 수속을 마치고 수술실로 들어
갔고, 오랜 시간이 걸려서 수술을 하였습니다. 이같이 말을 마치기

도 전에 "오시마" 하며 통화가 끊겼다.

정말 쏜살처럼 달려 오신 후암동 사모님이 내 손을 꼭 잡으시고 놓을 줄을 모르신다. 또 칭찬은 얼마나 하시는지 몸둘 바를 모를 정도였다. 하지만 내 생각을 그대로 말씀드렸다. "제가 아니고 전지전능하신 하나님께 감사하세요. 사모님께서 믿으시는 전지전능하신 하나님께 감사하세요 저도 얼떨결에 택시운전사의 말에 서울대병원으로 가자고 한 것밖에 없습니다. 그러니 하나님께 감사하세요." 한참동안 사모님은 눈물을 펑펑 흘리시며 기도를 그치지 않으시더니 "왜 내가 그런 생각을 못하였을까?" 하시면서 "네가 주옥이를 살렸구나" 하셨다. 그러나 나는 내가 아니라 우리 아버지 하나님께서 저를 통해서 주옥이를 살리셨으니 하나님께 영광돌리세요." 하였다. 나는 기쁨 반 놀라움 반인 사모님을 진정시켜 드리는데도 한참이나 걸렸다.

"이 기적은 우리 하나님 아버지께서 하셨으니 하나님께 감사하세요." 재삼 하나님께 영광돌려 드리기를 말씀드리니 "정말 그렇다" 하시면서 기도하시다가 저녁때가 되었다.

그러더니 사모님께서 "밥은 먹었느냐?" 물으셨다. 그런데 정신 없이 시간이 가서 밥 먹는 것도 잊었다. "밥을 안 먹어도 배가 안 고프다고 말했다. 실제로 중환자실에서 많은 환자들과 누워 있는 주옥이를 보니 참으로 감회가 새롭고 '생명은 하나님께 있구나' 하는 생각에 벅차 아무 생각이 나지 않았다. 너무너무 감사한 것은 내가 사모님 말씀만 듣고 산으로 갔다면 어떻게 되었을까 하면서 또다시 전지전능하신 하나님을 생각하며 감사의 눈물이 흘렀다.

　기도하면 기도할수록 감사와 기쁨이 생기는 그때 그 시절의 기억은 평생을 살면서 잊을 수 없는 일이 되었다. 그리고 사모님께 "여기 계세요 공장에 가서 사장님께 말씀드리겠습니다." 하고 공장에 와보니 초상집이 따로 없었다. 모든 식구들이 울고 있어서 말을 꺼내기가 힘들 정도였다. 하지만 슬픈 소식이 아닌 기쁜 소식을 전하니 얼마나 뿌듯한지 기쁘기 한이 없었다.

　"울지 마세요." 하니 사장님께서 "그래 양지바른 곳에 잘 묻고 왔느냐?" 하신다." 저는 빙그레 웃으며 "주옥이는 지금 서울대병원에 잘 있습니다." 하고 힘있게 외쳤다. 듣고 있던 모든 사람들이 순간 얼음이 된 것처럼 미동도 하지 못하고, 아무말도 못하고 어안이 벙벙하여 다들 나만 쳐다보고 있었다. 자세한 말씀을 들으신 사장님은 마치 방아쇠를 당긴 탄알처럼 "서울대병원에 간다." 고 하시며 뛰어 나가셨다. 나는 진심으로 기분이 좋았다. 산에다 파묻으라는 사람을 살렸으니 전지전능하신 우리 하나님께 감사했다.

　병원에서 수술을 한 주옥이는 수술이 잘되어 이제 완전히 살아났다. 죽었던 사람이 살아났다. 수술을 마치고 와서 하나님께 감사하고 동생들 하고 놀면서 주옥이 수술이 잘되어 살았다며 모두들 기뻐하며, 성도와 병도하고 사진도 찍었다. 지난 날을 생각해 보니 우리 하나님께서 부족한 이 사람을 통하여 한 가정에 기쁨과 행복을 주시며, 인간의 삶을 보살피면서 간섭하시는 것을 느낄 수 있었다.
　　그 후로도 병원에 입원한 주옥이를 간병하느라 사장님께서는 집에도 못 오셨고, 나는 두부공장에서 일하고 있었다. 두부도 잘되고, 잘 팔려서 모든 것이 잘되어 기분이 좋았다.

장티푸스에 잡히다

　하루는 거래처에 다녀오니 뜻밖에도 병도가 설사를 하고 토까지 하여 동네사람들이 동사무소에 신고해서 앰블란스가 와 있었다. 병도 혼자 보낼 수 없어서 내가 같이 타고 갔다. 병도가 많이 아파서 누워 있는 것을 안고 가니 용산 한남동공무원 교육원이었다. 1964년도에 장티푸스라는 전염병이 창궐하여 병원이 아닌 곳을 징발하여 임시로 환자를 격리하였는데, 이미 죽은 사람이 많았고 계속해서 앰블란스는 들락날락하며 환자를 실어 날랐다. 입원환자도 많은데다 병도도 너무 아파해서 그를 안고 하나님께 기도하는 것밖에 아무 방법이 없었다. 의료시설이나 의약품이 부족한 때라 죽어도 손쓸 방법이 없었다.

　병도를 안고 한참 기도하다가, 병도가 잠든 걸 보고 의사를 찾아가서 말하였더니 와서 보고는 여러 가지 링거를 놓아주면서 나보고 잘왔다며 잘 지켜보라고 하셨다. 그런데 뜻밖에도 보호자도 여기에 들어온 이상 못 나가니 같이 있으며 여기서 간호하라고 했다.

　생각해 보니 공장에 두부콩을 물에 담궈놓고 왔는데, 두부를 못 만들면 콩을 다 버리게 된 것이다. 사장님이 계시면 문제가 없을 것이지만, 주옥이를 간호하시느라 병원에 계셔서 결국 두부공장이 돌아갈 형편이 못 되었다.

두부공장이 잘못되는 것도 문제지만, 어쩔 수 없었다. 두 시간쯤 기다리니 주사약이 다 들어가서 병실로 돌아오니 잠을 곤하게 자고 있었다. 병실로 오면서 "모든 생명은 우리 하나님 아버지께 있으니 병도를 살려 달라"고 간절히 기도했다.

이렇게 지내면서 그 바쁜 의사를 오게 하고 하루에도 몇 번이라도 찾아가서 보고하며 의사에게 좋은 약을 주문하면 "네 동생만 살리면 되느냐?"고 하며 핀잔도 많이 주셨다. 그러나 많은 사람들이 와서 죽는데 창피해도 의사를 찾아가는 것이 당연한 것 아닌가. 그런데 잘 놀다가도 갑자기 토하고 열이 나고 아프다고 하면 급하게 안고 의사를 찾았다. 가면 또 왔다고 핀잔을 주면서도 할 수 없이 다른 환자를 보다가도 빨리 와서 병도에게 친절을 베풀어 주었다.

병도는 오는 동안 내 품에서 잠을 자곤 했다. 의사가 동생은 살았으니 안심하고 이제 그만 찾아와도 된다고 해도 병도가 조금만 아파도 또 찾아가면 또 왔냐고 하면서도 다른 환자 진료가 끝나면 돌봐주었다. 병도에게 "너는 형을 잘 만나서 살았다"고 하며 의사도 기뻐했다. 그러고 보니 하루하루 시간이 갈수록 병도는 생기를 찾아갔다. 그것이 기뻐 나는 하나님께 감사기도를 드렸다. 안고 있으려면 병도가 "형 팔이 아프니 내려놓아" 하는 말을 들을 때에 무척 기뻤다.

결국 병도는 차도가 있어 살았지만, 공장에서 두부를 만들 사람
이 없어서 당장에 단골집들이 문제가 되었다. 그들도 장사를 해야
하는데 어떻게 해야 할지 생각을 하면 답답하기만 했다. 그래서 거
기에서 나오려고 의사에게 말을 하면 "당신은 환자인데 어디를 가
냐"고 하며 야단만 맞았다. 할 일없이 하루하루 보내며 긴 시간을
오로지 하나님께 기도하는 것 이외는 아무것도 할 일이 없었다. 그
런데 만나는 사람마다 환자뿐이요. 도움이 되는 사람은 없이 지루한
하루를 지나면 다음날 환자들이 많이 들어오며, 처음보다 죽어 나가
는 사람은 줄었지만 그래도 하루에도 많은 사람이 퇴원하고 들어오
니 그때에 장티푸스로 인해 많은 사람들이 세상을 떠났다.

감사하게 병도가 생기를 되찾아 집에 가자고 해서 의사에게 가
서 "병도가 집에 가자 하는데 어떻게 할까요?" 하니 잠깐 있으라고
하더니 금방 와서 전신검사를 하고는 나에게 수고하였다고 하며 내
일 퇴원하라 하였다. 나는 하나님께 감사기도를 했다.

5일 만에 퇴원하다

그렇게 지낸지 5일 만에 퇴원하여 같이 서울대병원으로 가서
주옥이와 반갑게 만난 두 남매가 서로 끌어안고 얼마나 우는지 거기

있는 사람들도 울었다. 내가 혼자 오는 것을 본 동생들이 자라 보고 놀란 가슴 솥뚜껑 보고 놀란다고 병도는 어찌하고 나만 왔느냐고 물었다. 그래서 "서울대병원에서 주옥이와 서로 안고 울길래 나는 그냥 혼자 왔다"고 했다.

사장님께 인사드리고 공장으로 왔다. 그리고 나중에 병원에 가서 들은 말이다. 여러 사람들이 아까 같이 왔던 형은 어디로 갔느냐고 물으니 사장님께서 자세하게 거기 있던 사람들에게 말씀하였다고 한다. 그 말을 들은 많은 사람들이 나를 칭찬하였다고 나중에 가서 들었다.

참 환란이 중첩되었던 그때, 그 시절 생각하면 우리 하나님 아버지께서 우리를 사랑하셔서 살려 주시고 인도해 주신 은혜에 감사할 뿐이다.

두부공장에 있던 사람들도 두부가 없으니 다른 공장으로 다 갔다. 내가 닷새 동안 자리를 비웠더니 단골이 다 떨어졌다. 그래서 나는 옛날 양말공장 사장님을 만나 일자리를 부탁하니 내일이라도 오라 하였다. 두부공장에 왔더니 쌀이 떨어져 우선 쌀 한 말을 사다 주고 시골집에 내려가서 아버지께 말씀드려 "장리 쌀 한 가마니만 달라."고 했다. 누님댁에서 쌀 한가마니를 얻어 주셔서 가지고 공장에 왔다.

드디어 몇 달 동안 입원했던 주옥이가 퇴원할 때가 되었다. 참으로 기쁜 일이 아닐 수 없었다. 그런데 수술비가 없다는 게 문제였다. 수속을 밟는 중에 입원비가 없다는 말을 들은 수술하신 의사 선생님께서 나를 찾는다고 했다. 해서 병원으로 갔다. 한참 기다렸다가 선생님께서 오셔서 왜 여기 안 왔느냐 하셔서 그동안 이러저런 일로 사정이 있었음을 말씀드렸다.

그 선생님이 나에게 주옥이네 가정 형편을 물으셔서 곧이곧대로 말씀드렸더니 "그러면 청년은 직원인데 그렇게까지 했냐?" 하시며 생각을 많이 하시는 것 같았다. 알았다고 하시며 "오늘 회의를 할테니 내일 나를 찾아오라"고 하셨다. "하나님께서 원장님과 업무에 관련된 모든 사람들의 마음을 주관하셔서 모든 병원비와 주옥이 때문에 사용된 모든 것이 무료로 결정나게 해 주십시오."하고 기도했다. "저는 하나님밖에 대화할 사람이 없으니 하나님께서 주관하여 주십시오. 주옥이가 살려달라고 애걸하지 않았습니다. 그런데 살리셨으니 하나님께서 퇴원시켜 주십시오." 병원에서 오면서 잠잘 때까지, 잠 깨어 새벽에 하나님께 기도하고, 가는 즉시 의사선생님을 찾아뵈었다. 박사님께서는 "첫째, 기도 많이 하셨죠?" 하시면서 기분이 좋으셔서 "지금 결정이 났다.고 하신다. "하나님께서 주관하셔서 청년의 기도로 전체 프리로 결정되었다고, 하나님께서 내 기도를 들으시고 역사하셨다."고 말씀하셨다. 나중에 알았지만 그 고마운 분은 서울대병원 주동선 박사였다.

"......" 기적이 무엇인가요? 이것이 바로 기적이다. 후암동 사모님과 사장님이 손을 잡으시고 목놓아 우시는 것을 보고 나는 피하였다. 전체 입원비와 수술비를 무료로 퇴원을 하다니 이것이 기적이 아니고 무엇인가. 죽은 자가 돈 한 푼 없이 살아나고 퇴원하여 택시 타고 가시는 것을 보고 나는 너무나도 기뻤다.

모든 것이 하나님 은혜로 잘되었지만, 다만 두부공장은 할 수가 없게 되었다. 이제 내 갈 길을 찾으러 갔다. 전에 뵈었던 양말공장 사장님을 만났다. 일자리를 달라고 하였더니 내일부터 나오라 하여 기분 좋게 두부공장에 오니 친척들이 다 모여서 어디 갔다 이제 오느냐고 하시며 모두 반색을 하였다.

양말공장에 취직하다

　오랫만에 양말공장 내 방에 들어가니 사장님께서 "밥은 먹었느냐"고 하신다. 먹었다고 하자 그러면 인사할 사람이 있다고 하시며 주옥이 육촌오빠라며 김범도라 소개를 하고 "주옥이를 살린 사람이다"라고 하며 나를 소개하고 인사를 시키셨다. 후암동 사모님과 여러분들이 오셔서 내 손을 잡으시면서 감사하다며 극찬을 해주셨다.

　그 길로 양말공장에 가서 며칠 일을 하는데, 사장님과 사모님이 오셔서 공장사장님께 "이 사람은 우리 사람이니 데리고 간다."고 하니 공장사장님이 "그 사람이 와서 일한다고 해서 일을 한 것이니 데리고 가세요." 하는 것이었다. 그래서 끌려오다시피 와서 보니 식구들이 모두 모여 있었다. 친척들이 모인 자리에서 후암동 사모님께서 "자네가 없을 적에 만장일치로 자네를 내 조카사위로 삼기로 하였네. 그것은 죽은 사람을 자네가 살렸고, 또 자네가 어마어마한 입원비, 수술비를 다 감당했으니 그 고마움을 어찌 다 갚을 수 있겠는가?" "그러니 약혼은 어른들과 상의하여 할 것이고 또 하나는 두부공장은 팔고 철원으로 농사하러 가는 것으로 하였네. 내 말은 다 했네 자네 말 좀 들어보세."

그래서 "제가 한 것은 하나도 없고 다 우리 하나님께서 하신 것이고, 주옥이가 살 사람이기에 하나님께서 살려주신 것이니 하나님께 감사하시고 저는 양말공장에 취직이 되어서 가기로 하였습니다. 그러니 저를 생각하시는 것은 어쩌다가 그런 일도 있는 것이니 걱정을 마시고 후암동 사모님께서 많은 기도하셔서 오늘에 이 기쁨이 있는 것이니 하나님께 감사하시고, 사람을 보지 마시고 전지전능하신 우리 하나님께 영광을 돌리세요. 인간은 생각지도 못할 일을 하나님이 하셨어요." 하고 "저는 양말공장 갑니다." 하였다.

"그래 너는 농사 짓기 싫어서 서울에 왔으나 네가 두 사람이나 살려놓고 네 맘대로 떠나가면 네 동생들은 어찌하느냐?"고 사장님께서 말씀하시는 것이었다. 다음으로 후암동 사모님께서 "사장님 말씀대로 네가 살려놓은 동생들은 어떻게 하느냐?"고 하시면서 육촌오빠도 다른 데 가지 말라고 하였다.

기쁨의 파티

그러자 육촌오빠가 말씀하시기를 "사람이 서로 만나는 것도 인연인데 어떻게 이렇게 떠나서야 되겠는가? 오늘 이 축하자리를 빛내야지!" 하면서 "시간이 이만큼 지나 석양이 되어가니 밥을 먹으면서 하루를 축하하자."고 하니 다들 하나같이 찬성하여 즐거운 파티가 열렸다. 먹고 마시고 즐기는 시간에 서로의 마음이 하나되어 앞으로 살 길을 의논하게 되었다. 형님 말씀이 "농사가 싫어서 서울에 왔으니 나하고 서울에서 살아가며 결정하자." 하고 헤어졌다. 다음 날 후암동 사모님이 새벽기도 마치고 오셔서 "자네가 나갈까봐 내가 택시를 타고 왔네." 하시면서 "자네는 내가 인정하는 사람이라 말을 하니 듣게." "집에 가서 아버님한테 말씀드려서 올라오시라고 하여 자네가 모시고 올라오게" 하시면서 "동생과 사돈조카한테 단단히 약속을 받았다."고 하시며 "만장일치로 사위로 삼기로 하였으니 나하고 나가자"고 하시며 같이 나와서 차표를 끊어 주시며 다녀오라고 돈을 주셔서 안 받겠다 해도 주머니에 꾸겨넣어 주셨다.

할 수 없이 집에 가서 아버지께 상세한 말씀을 드렸더니 아버지께서 올라가자고 하셔서 올라와 전화를 드렸다. "그래 아버님 모시고 올라왔나?" 하셔서 그렇다고 했더니 그럼 조선호텔 그릴로 아버님을 모시고 오라고 하며 우리도 그곳으로 가겠다고 하였다. 조선호텔로 가니 후암동 사모님과 육촌오빠, 사장님께서 와 계셨다. 서로 인사를 하고 후암동 사모님 김일동이 모시는 장군님의 동막골 형벌 되는 그분이 사모님 시아버님이고, 제가 모시는 사장님이시고 동생들 육촌오빠 되신다고 아버지께 말씀드렸다.

아버지께서 약혼을 허락하시다

　　말씀들 나누시라 하고 자리를 피해 나와 있다가 들어가니 분위기가 좋은 편이었다. 아버지께서 약혼을 하라고 하시는데 나는 부끄러워서 말을 못하고 있었다. 사모님께서 하시는 말씀이 "자네가 장가를 가면 처남들을 잘 살도록 앞으로 지도하며 의논하며 장모님과 같이 의논하면서 살아가게." 하시고, 아버지께는 "오늘은 이 정도로 마치고 언제 날짜를 잡아서 약혼을 하자."고 하고 헤어졌다. 그래서 아버님을 배웅하고 공장에 오니 동생들이 "이제 매부가 되는 것이냐?"고 물었다.

　　그렇게 해서 약혼을 하게 되고 약혼할 때 아버지께서 금반지 한 돈을 해주셔서 사랑하는 아내 김주옥에게 처음으로 금반지를 끼워주었다.

　　우리 아버지 하나님께서 세상에서 이렇게 짝을 지어 주시는 일도 있구나 하고 하나님께 감사기도하였다.

이제는 장모님과 처형과 처와 처남과 처제와 함께 살아가야 하는 무거운 짐이 내 어깨에 지워졌다. 두부공장은 내 단골만 있으면 아무런 부담이 없는데, 이제는 내 단골이 다 떨어져 나가고 더 이상 두부공장을 할 수가 없는 상태가 되었다. 그래서 하는 수 없이 농사를 짓는 것이 힘들겠지만 받아들이기로 했다.

“농사를 짓겠다”고 장모님께 말씀을 드렸더니 장모님께서는 힘이 들겠지만 어려운 결정을 해줘서 고맙다고 말씀하셨다. “농사일은 제가 잘 할 수 있지만 다른 일을 해서 여러 식구들을 걱정 없이 생활할 수가 없어서 죄송합니다.” 라고 말씀을 드렸다.

양말공장 사장님께는 찾아가서 죄송하다는 인사를 드렸다. 농사짓는 것으로 마음을 굳히고 정리할 것은 정리하고, 처리하고 공장도 매각하는데 공장터가 국유지라 얼마 받지 못하고 팔았다. 그 동안 아내 될 사람은 먼저 철원 고모님 집으로 가 있었고, 결혼식은 1967년 12월에 철원에서 올렸다.

철원 땅에 농사지으러 가다

　철조망이 쳐 있는 철원땅에 오니 대남방송이 낮이나 밤이나 크게 들렸다. 장모님께서 처고모님이 여기 계시니 찾아뵙자고 하셔서 찾아가 절을 올렸다. 앉자마자 내 손을 잡으시고는 "참 잘왔다."하시며 기뻐하셨다. 나는 처고모님이 혼자 계셔서 결혼해서 함께 살았다.

　그런데 철원은 그 해부터 여러 해 가뭄이 계속되었다. 농사에 물이 얼마나 중요한지는 모르는 사람이 없을 것이다. 기어이 그 해에는 논에 모를 못내고 패농하고 말았다. 그래서 대한수도원에 가서 기도하다가 임권사님과 조성련, 김준성이 만나서 교회를 짖기로 약속을 하고 곧 돌아와서 터를 닦았다. 그런데 그동안 궂은 일을 하지 않던 손이라 물집이 잡혀서 터져 피가 났다. 하지만 아랑곳하지 않고 싸매고 흙벽돌을 찍고 그 흙벽돌로 교회를 세우고 김목사님에게 세례를 받았다.

　나는 그 한 해 동안 열심히 전도하며 대한수도원에서 살다시피 했다. 그리고 와서는 처고모님과 처와 함께 교회에 다녔다. 우리 하나님께서 농사지으며 실패할까봐 2년 동안 대한수도원에 가서 철저하게 교육을 시키신 것이다. 전진 원장님께서 성령 받으라고 기도처도 하나 주셨고 기도처가 불편할 때는 나가서 나무를 잡고 뽑힐 때까지 기도하였고, 방언도 하고, 뜨겁게 하나님을 바로 아는 교육을 받고 말씀을 읽으며 하나님의 사랑하심을 체험하며 신령한 은혜와 세미한 음성과 놀라운 체험을 2년 동안 하였다. 자전거를 타고서 매 일 기도원 간 것은 날이 가물어서였다.

이듬해도 날은 똑같이 가물었다. 그런데 여러 날 있는 동안 이웃에 형뻘되는 사람을 알게 되었다. 그 사람 말이 여기에서는 초소에서 지금도 격투가 벌어져서 목이 잘려 죽는 일도 있었다 한다.

하루는 초소에서 밤 근무를 하는데 느닷없이 한 조인 근무자가 갑자기 한 병사를 죽이려고 병사가 서로 붙잡고 뒹구는데 칼로 한 사람을 찔러야 하는데 누가 아군이고 누가 적군인지 몰라서 못 찌르고 있다가 훈련받을 때가 생각이 나서 물통 뚜껑을 만져보고는 찔러 죽이게 되었다고 한다. 만약 그 때 잘못 찔렀다면 어떻게 되었을까 하는 생각에 가슴이 섬뜩했다고 했다. 아군을 확인하고 나서 "잘 찔렀다" 하였을 때에야 마음이 놓이더라고 말하였다. 이처럼 무서운 일이 비일비재한 곳이었다.

전방 논에 가는 길에 이런 무서운 생각이 들었다. 하지만 어떠한 일이 있어도 우리 하나님 아버지께서 지켜 주실 것을 믿고, 사망에 음침한 골짜기를 가더라도 하나님께서 보호하여 주실 것을 굳게 믿고 계획 기도를 하였다. "내일 일찍 모를 심을 일꾼 20명과 소를 끌고 오겠오.” 하고 검문소에 들어 갈 적에 패쪽을 걸었다가 다시 걷어가지고 논에 와서 하나님이 함께 계실 것을 믿고 기도했다. “제 가족을 위하여 여기 왔습니다. 오늘 밤에 이 논에 물을 대어 모를 심게 해 주십시오.”

물을 대고 모를 심다

‘주님께서 동행하실 것을 믿고 우선 ‘낮에 답사를 하려 하오니 함께하여 주십시오.’ 물 근원지까지 답사를 완벽히 마치고 낮잠을 자고 밤을 기다리니 어두워져서 캄캄한 밤에 도랑을 타고 올라갔다. 가는 동안 얼마나 두려운지 가슴의 쿵쾅거리는 소리가 들리는 듯해서 하나님께 기도하였다. ‘하나님 우리 아버지 낯설은 이곳에 왔습니다. 저와 함께 해 주세요. 낮에 제가 답사는 하였지만 저는 잘 모릅니다. 저를 인도하여 주세요. 이 일을 하기 위하여 날마다 하나님께 아뢰지 않았습니까?’

기도하고 올라가서 물 근원에 물길을 돌려 물을 대고 내려오니 잠시 후에 논에 물이 가득 찼다. 하나님께 감사하면서 논두렁을 하는데 2,000평 논에 물이 가득 차므로 논두렁이 망가질 정도로 물이 벙벙했다. 오히려 물이 새어 내려가려는 것을 삽으로 막으려 하니 힘이 많이 들었다. 그래도 위에서 아래를 내려다보니 기쁜 것은 논에 물이 가득가득 찬 것이라!

이것을 보면서 한없이 반가웠다. 넘실대는 논의 물을 보는 순간

감사가 넘치고 힘든지도 몰랐다.

그 자리에서 지혜를 주신 하나님께 감사하며 농사가 잘 될 것을 믿는 믿음의 감사기도를 했다. 만약의 일이지만 이 도랑에 어제 군인들이 잠복 근무를 했더라면 어떻게 되었을까? 군사보호구역이라 오밤중에 움직이는 물체이니 어쩌면 참변을 당했을지도 모르는 일이었다. '전지전능하신 하나님께서 저를 돌보아주심을 감사합니다. 앞으로도 가족을 위해서 일할 적마다 돌보아주세요.'

너무너무 감사한 것은 우리 하나님께서 이 밤에 우리 논에 가득가득 물이 차서 위에서부터 차례차례 논두렁을 말끔히 잘 이겨 발라서 내려오는 물을 저장할 수 있게 하신 것이다. 물이 가득차고 넘쳐서 다음 논두렁을 만들 때면 넉넉한 물에 바싹 마른 땅이 그렇게도 잘 풀리는 것을 보면서 힘이 들어도 힘든지 몰랐다. 물과 흙을 반질반질하게 삽으로 미장을 하는 기분이라니 그 일은 해본 사람만이 알 수 있다.

2,000평의 논두렁이 어느덧 고성의 성벽처럼 가지런하고 맵시 있게 다듬어지는 희열은 무엇과도 바꿀 수 없는 일이다. 또 그렇게 시간 가는 줄 모르게 일을 하였다.

하나님께서 지켜주셨다

사방을 둘러보니 어느덧 날이 밝아오고 있었다. 이 기쁨은 숨죽

이며 물을 대어 논에 가득가득 찬 물을 볼 때에 우리 아버지 하나님
께 얼마나 감사한지 이루 다 표현할 수 없었다.

　그해 농사는 대풍이었다. 가을이 되어 추수할 때가 되어 일꾼들
과 함께 낫으로 베를 베고 말려 탈곡을 해보니 쌀이 28가마니였다.
그동안 장리쌀 얻어다먹은 것을 다 갚고도 남았다. 그로 인해 철원
에 농사지으러 온 보람을 느끼고, 만약 그렇게 안 하였으면 앞에 있
는 논 2,320평도 남아나지 않았을 것이다. 그만큼 막막하였을 것이
다. 그 때에 만약 그 논에 물을 못 대었으면 나는 어찌 되었을까 하
면서 날마다 기도하며 지냈다.
　그 전 3년 동안 날이 말할 수 없이 가물어 할 수 없이 앞 논
2,320평을 담보로 15가마를 장리쌀로 얻어 식구들이 먹고 살았다.
장리쌀 갚을 기한이 다 된 것을 안 것은 농사가 잘되어 쌀 28가마를
방앗간에 갚으러 가서야 이자가 7부 5리로 늘어나 논 2,320평이 벌
써 넘어가게 되었다는 것을 알게 되었다. 그래서 나는 부리나케 그
장리쌀을 다 갚아 버리고 빌려준 사람에게 등기를 찾아온 것이다.
만약 목숨을 걸고 논에 물을 대지 않았다면 소출이 없었을 것이고,
농사를 짓지 않았다면 그 논 2,320평은 없어지고 말았을 것이다.

　어느 날 안충원 씨를 만났다. 안충원 씨는 농가 자금이 나왔는
데 돈이 필요하지 않느냐고 해서 그 자금을 받게 해 달라고 했다.
그래서 600만원을 받아서 화실에 논 1,000평 샀다. 앞에 논 2,320
평도 찾았고, 앞으로 농가 자금을 갚으면 된다고 작정하고 농사를

지었다. 그렇게 해서 이듬해 농사를 지었는데 다 갚고도 쌀이 50가마니나 남았다.

철원에 온 지 어언 5년이 되었다. 돌이켜 생각해 보니 철원 와서 하나님께서 귀여운 선물로 혜라와 혜경이 두 딸을 우리 가정에 선물로 주셨다.

하루는 전도하는데 김승관씨를 만나서 교회 나가자고 했더니 "내가 추천하는 곳에 가서 교육을 받고 와서 교회에 나가겠다."고 했다. 그래서 그의 추천을 받아서 농도원에 가기로 하였다. 교회에 김준성이와 함께 강원도 춘천으로 교육을 받으러 갔다. 전국에서 많은 사람이 왔는데, 거기에선 농사짓는 사람만 교육을 받을 수가 있었다. 그렇지 않으면 거기에서 받지를 아니하므로 농민과 가축을 키우는 농가만 거기에 와서 교육을 받을 수가 있었다.

농도원 교육을 받다

교육 중 이태영 교수님이 들어오셔서 인사를 한 후 예수 믿는 사람이 있으면 손들어 보라고 하여 나는 앞에서 손을 번쩍 들었다. 그러더니 내가 말하는 말을 잘 들으라고 하더니 "당신들 새벽기도 가서 공기를 파동하고 허공만 치지 말고 이제부터 내 말을 잘 듣고 하루일과는 기상 6시, 조식 7시, 9시에 교육이 있으니 이 기간 동안 절대 외박도 없고 면회도 없으니 시간을 엄수하라"고 말하는 것이었다.

그렇게 수업을 시작하였다. 모두가 감시하고 기도할 시간을 전혀 주지 않으므로 한 달을 꼬박 하나님 비방과 "직관 직통하는 내가 하나님인데, 누구에게 복을 달라고 하느냐?"는 소리를 하루에도 몇 번씩 들으니 마음이 번민하여 죽을 것 같았다. 생각을 해보니 말씀이 부족하면 사탄을 이길 수 없다는 것을 알았다.

교육을 마치고 집에 와서 주일이 되면 낮예배만 참석하고, 새벽 예배는 안 가고 하니 신앙생활이 시들해지고 너무 힘들었다. 그래서 억지로 교회에 나가서 은혜가 없는 예배를 드리다가 어떤 때는 처량한 생각이 들 때도 있었다. 그래서 대한수도원에 가서 밤을 새우며 기도하였지만 한번 식은 마음이 쉬 돌아 오지 않았고 만족함이 없었다. 그래서 농사일을 열심히 하면서 대한수도원에 가서 기도하며 하나님과 많은 대화를 하였다.

신평동 논과 앞에 논을 다 합쳐 9,200평의 논을 갈고 쓰리고 해서 농사를 지으면 쌀 100가마 이상하였다. 그렇게 3년 동안 농사를 잘 지어서 빚진 것도 다 갚았다.

그해 집을 샀다. 겨울에 우물도 파서 펌프도 묻었다. 철원에는 식수가 귀하여 우물을 집에다 파기 시작하였다. 샘이 나와서 펌프를 묻으므로 먼 곳으로 물을 길러 가지 않고 가정에서 식수로 쓸 수 있으니 좋았다.

농사를 잘 지었다

이제는 서울로 가도 장모님과 처형, 처남들이 크니 문제가 없다는 생각이 나서 많은 기도를 하고, 또 생각해 보고 하나님께 모든 것을 맡기고 나는 기도원에 갔다 와서 장모님을 찾아뵙고 "이제는 제가 서울로 가서 살겠습니다." 하니 장모님께서 "그래 그동안 자네가 수고가 많았네. 낯선 철원 땅에 와서 피땀 흘려 고생한 것 내가 다 아네. 땅도 사주었고 여기에 튼튼한 기반이 잡혀서 걱정이 없네. 그 동안 수고 많았으니 이제 여기에 자네가 그동안 피땀 흘려서 사준 땅과 이제 처형과 처남도 다들 컸으니 가도 되겠네. 고모님은 여기서 모신 것 같이 잘 모시게."라는 말을 듣고 서울로 올라오기로 결정을 하였다.

여원사에 근무하는 이호영 형을 만나서 서울로 이사 오겠다 하니 "잘 되었다. 나 좀 도와주어라 여원사 광고국이 바빠서 사람을 쓰려고 하였는데 네가 와서 일해 주면 좋겠다."고 하여 그러겠다고 대답하였다. 우선 살 집이 필요했다. 여기저기 다니다가 신림동에 와서 복덕방에 들러 집을 구한다고 하니 신축된 8평 짜리 집이라 살기에는 너무 작았지만 이곳으로 이사 와서 살면서 점점 나은 집으로 이사를 하는 것도 나쁘지 않겠다고 여겨져 계약을 하였다.

이사 올 생각을 하며 철원에 와서 정리할 것은 정리하였다. 그 동안 전방에 대남방송을 들으면서 살다가 서울로 가려 할 때는 쌀

한 가마니에 4,500원 할 때였다. 고모님께 서울로 함께 가자고 했
더니 흔쾌히 승낙하셨다. 그래서 처 고모님을 모시고 철원에서 이
사하는데 좋은 땅은 안 팔고 처음 물대서 농사짓던 2,000평만 팔아
신림동으로 이사할 계획을 세웠다.

서울로 이사하다

1969년에는 서울이라 하지만 공동수도, 공동화장실을 쓰는 집이 태반이었다. 아무리 시골이지만 넓직한 집에 살다가 사실 말이 그렇지 여러 식구가 많이 불편하였다. 하지만 처고모님까지 모시고 단란하게 불편을 감수하며 살았다.

여원사 광고부장 이호영 형님은 후암동 사모님 아들 즉, 처이모님의 둘째 아들 이종 처남이었다. 다음날 출근을 하여 다니는데, 하루는 청주에 가서 사과소주 한 차를 광고비로 받아오라고 하여 싣고 온 적도 있었다. 하지만 회사가 얼마 지나지 않아 부도가 나는 바람에 퇴직을 하게 되었다.

이호영 형은 퇴직한 후 포터블 선반을 하게 되었다. 나에게 함께 하자고 해서 을지로 2가에 나갔다. 형은 동업을 하는데 네가 총관리과장을 하라고 하여 포터블 선반 자재와 부속을 총관리하였다. 모든 직원들이 착오없이 잘하고 있어서 태평한 나날을 보냈다. 전 사장님과 이호영 형님이 같이 동업을 하는데 선반회사인 "덕흥" 사장이 특허 침범을 문제삼아 재판을 하여 법원에서 차압이 들어오는 바람에 포터블 선반 양공선반을 할 수 없게 되었다. 그 문제로 인하여 엄청난 차질이 생겼고, 대체해서 외공선반이 나왔는데 외줄로 되어서 그 자체가 약하므로 잘되지 않아서 전 사장님은 물러나고, 이호영 사장만이 홀로 회사를 끌고 가다보니 착오가 많아 보통 힘든게 아니었다.

형은 한국에서 살기가 힘들어 미국 이민을 결심하시고 곧 신청하고 많은 사람을 만나더니 결국 이민을 가게 되었다. 앞으로 3개월만 있으면 영주권이 나온다며 미국에만 정신이 팔려 있고 공장은 신경을 못쓰시니 더욱 악화가 되고 막상 영주권이 나와서 이민을 가게 되어서는 나에게 가져간 돈도 갚지 않고 가게를 나에게 떠맡기고 이민을 가셨다.

하루아침에 나는 예상치도 못하게 가게를 인수하게 되었다.

가게를 인수하다

하루는 목사님께서 심방을 오시겠다고 해서 심방을 마치고 나니 고모님께서 말씀하시기를 범도가 온다하니 기다리라고 하였다.

육촌처남은 철원에 논을 파는 것이 좋겠다는 것이었다. 농지 개혁이 되기 전에 팔라 하시기에 "이 땅은 고모님 재산이니 제가 팔 수가 없습니다. 팔 것이면 이사 올 때 팔았지요. 그 땅은 두었다가 고모님 자녀들에게 물려줘야지요. 그래서 이사 올 때 제가 철원에서 농사지은 쌀만 팔아서 이 집을 산 것이니 땅을 팔 수가 없습니다.” 라고 말씀을 드리니 그게 아니고 지금 팔지 않으면 정부에서 농지 개혁을 하여 새롭게 분배하면 찾을 길이 없으니 팔아서 장리쌀을 놓아도 그때 가면 땅 둔 것보다 더 많은 것을 살 수 있다는 말이었다. “고모님께 어떻게 하는게 좋겠냐”고 하니 팔라고 하신다. 그래서 철원으로 가서 최승관 씨에게 쌀 20가마에 팔아서 방앗간에 20가마 보관증을 받아 고모님께 드렸다. 땅값을 쓰지 않으려고 쌀로 받아온 것은 고생하신 고모님의 땅은 절대 쓰지 않으려고 했던 것이다.

철원에 있는 동만에게 말하여 장리쌀을 놓아 많은 돈을 만들어서 통일이 되면 고모님 자녀에게 물려주려는 생각을 고모님께 말씀드렸다. 고모님께서 지켜온 땅이라 이사할 때도 땅은 절대 팔지 않으려 했는데, 이런 일이 생길 줄은 몰랐다. 그래서 “육촌처남 말대로 하겠다.”고 하였다. 철원에서 이사 올 때 처음에 가물 때 농사짓던 전방 땅 2,000평은 이사 올 때 쌀 8가마니 값에 팔았다. 논 주변에 바위가 있으며 농사짓기에 어려운 땅이라 옆 땅 주인이 억지로 샀다.

방앗간 보관증 20가마 내어주다

쌀 20가마 보관을 김동만에게 맡겼으면 좋겠다고 생각하고 고모님께 보관증을 드렸다. 일을 마치고 집에 오니 고모님께서 할 말이 있으니 보자고 하셨다. 가보니 고모님께서 "아까 준성이 하고 경열이가 와서 땅 판 쌀을 장리쌀로 달라 하여 20가마를 내년에 30가마니 받기로 하여 보관증을 내어주었다."고 하셔서 "잘하셨어요."라고 하였다. 그래서 잊어버리고 있었다.

그런데 예상치 못한 일이 벌어지고 있었다. 처제가 나와서 그 사람들이 그 쌀을 다 탕진하고 있다는 것이다. 철원에 가보니 그 쌀을 허랑방탕하여 다 없애 버렸다. 그래서 준성이네 집을 넘겨받는 형식의 계약서를 썼지만 소용이 없었다. 이미 준성이네 집도 다 팔아서 결국 2,000평 땅만 없어졌다. 그것을 그렇게 둘 것이 아니라 믿어도 담보라도 잡고 주었으면 하였지만, 처고모님께서 그들은 신임하는 청년들이라 그렇게 방탕할 청년으로 생각지 않으니 무엇이라고 말씀을 드려야 할지 난감하였다.

어떻게 노인이 아시게 되어서 맘고생 끝에 신장병으로 고생을 하시다가 을지로 메디칼센터병원에 입원을 하여 6개월 동안 계시다가 퇴원하셨다. 그래서 성림교회에 열심히 나가시며 마음의 병을 이겨내시고 새벽이며 공예배에 빠지는 일 없이 열심히 나가셨다.

그때 나는 농도원에 교육받은 것이 잘못되었다는 생각이 들었다. 그 후에도 전지전능하신 하나님을 잊어버리고 살 때가 있었다. 신앙생활이 식어서 대예배도 잘 나가지 못하였다. 훗날 나는 세상에 뛰어난 사람들의 위상이나 생각하고 전지전능하신 아버지를 찾은 지가 오래되어 신앙이 식었던 것을 깨달았다.

혜란이 탄생

그 작은 집에서 71년 2월 14일 혜란이가 탄생하였다. 그래서 드디어 6식구가 되었다. 그러고 나서 오덕리에 사는 사돈이 신평동 땅을 팔아왔다고 고모님께 돈을 주고 갔고, 며칠 후에 교회 앞에 집을 사셨다고 하여 가보니 방 2개와 화장실 그리고 수도가 나오는 자그마한 집을 83만원에 계약을 하셨다고 하셨다. 세월이 흘러서 잔금 날짜가 되어서 잔금을 치루고 이사를 하였다.

성림교회를 출석하다

우리 가족은 성림교회에 출석하고 있었다. 어느 날 성림교회 담임목사이신 장재덕 목사님을 길에서 만났다. 목사님은 건축을 위해서 40일 금식기도를 마치고 오신 뒤라 너무 삐쩍 말라 목불인견 뵙기가 힘들었다. 그런데 목사님께서 나를 보시더니 다가오셔서 "김집사님 나 좀 도와주세요." 하신다. 그러더니 "미안하지만 집 좀 담보해 주세요." 하신다. "집에 가서 의논하고 말씀드리겠다."고 하고 집으로 와서 고모님과 처와 같이 의논하였다.

길에서 장재덕 목사님을 만났는데 너무 마르셨다고 하였더니 걱정들을 하신다. 다름이 아니라 이차저차 자초지종을 말씀드렸더니 다들 허락을 하시고 등기를 내어주셔서 목사님께 등기와 인감도장을 드렸더니 고맙다고 하시면서 축복기도를 해 주셨다.

목사님께서는 교회가 너무 많은 부채로 인하여 힘이 많이 드실 때였다. 그때에 교회 재정은 빈약하고 헌금은 많이 안 들어 왔다. 기도를 받은 나는 새 힘을 받아서 무엇이든지 열심히 하였다. 그래서 을지로 가게가 잘 안되어서 어려움을 겪고 있는데도 하나님께서 복을 주셔서 근심, 걱정이 많아도 열심히 여기저기 견적내라 하면 마다하지 않고 어디든지 쫓아가서 견적을 내었다.

하나님의 은혜로 성림교회 재정부 계수위원이 되어서 열심히 섬겼다. 가게는 가게대로 잘되고 있었다. 그런데 평소 알고 지내던 박OO 씨가 어떤 사람들과 같이 와서 그분을 소개하는데, "이분은 남산에 수사국장이시니 서로 인사를 나누라"고 하여 인사를 하고 점심을 먹고 헤어졌다. 그런데 다음날 아침 까만 세단이 와서 가게 앞에 서더니 어제 왔던 장OO 씨가 가게로 들어와서 어제 신세를 졌으니 전화번호를 주면서 전화하라고 한다. 그래서 걸었더니 서울 시장실이 나왔다. 바꿔 주었더니 대뜸 "시장 바꿔" 하며 시장과 통화하면서 "어제 저녁에 내가 어떻게 집에 왔는지 모른다. 너는 잘 들어갔느냐? 네 옆에 있던 아가씨 참 예쁘더라" 하는 농담을 하다가 일어나 가면서 "전화 잘 썼습니다" 하고 돌아갔다. 그러더니 하루건너 와서는 전화 걸어 달라 하여 걸어주면 법무부 수사국장, 청와대, 과학기술처, 문공부장관 등 지금은 다 생각이 안 나지만, 인맥이 안 닿는 곳이 없었다. 아주 대단한 사람이라고 생각하였다.

그러던 하루는 이런 말을 한다. "내가 보기에는 장사가 잘 되는 것 같지 않은데 군납을 뚫어 줄테니 해보지 않겠느냐?"고 묻는 것이었다. "불감청이언 고소원이라고 당연히 해 보겠다"고 했더니 알아본다고 하고 그날은 돌아갔다. 나는 장사장의 노예가 되었다. 그가 하는 말이라면 무엇이든지 옳은 것으로 생각이 들고 대한민국의 권력은 다 쥐고 있는 기분이었다. 그래서 내 맘이 허공에 떠 있었다. 무엇이든지 다 이루어지는 것 같았다. 어느 하루는 검은 차에서 내리더니 나더러 또, "군납이나 하세요." 하여 내가 할 수 있겠냐고 하니 "있고 말고요. 내가 알아보고 내일 오겠다." 하고 가는 것이었다. 나는 마음이 설레고 내일이 오기를 기다렸다. 그런데 그날은 좀 늦게까지 한참 기다리고 있는데, 차가 서고 그가 내려서 가게로 들어왔다.

전화대금 사기극

　　전화를 걸어달라 하여 걸었더니 "국방부 조달청장실입니다." 하여 "청장님 계십니까?" 하였더니 계시다고 해서 전화를 바꿔줬더니 청장하고 서로 인사를 나누고 나서 "내 아는 사람이 있는데 군납을 하면 안 되나?" 그러더니 "그래 고맙다. 그러면 서류가 어디에서 어떻게 하면 되나? 거기서 또 그래 거기 그래 모든 서류를 다 해서 내가 찾아갈게" 하고 전화를 끊었다. 잘 되었다며 내일 "김사장님은 인감증명 2통, 주민등록 2통만 해오세요. 다른 서류는 내가 다 해 가지고 올테니 하면서 내일 뵙겠습니다." 하고 가버렸다. 그래서 말대로 서류를 다 해가지고 아침 일찍 가보니 서류가 한 보따리였다. 그런데 나보고 서류달라 하여 주니 거기에서 이것저것 서류를 챙겨서 국방부에 서류를 제출하러 간다며 나갔다. 그러더니 전화가 와서 하는 말이 "급행으로 청장이 시켜서 일주일 안에 완료가 되니 기뻐하세요." 하며 전화를 끊었다.

　　그런데 일주일이 되어서 와서는 "참으로 안 되는 일인데 이렇게 빨리 될 줄 몰랐다고 하면서 전화를 걸어달라" 해서 걸었더니 을

지 전화국장님실이라고 해서 바꿔 주었더니 "아! 나 장OO인데 내일 내가 갈테니 전화 두 대만 주라"고 하고 200만원 가지고 가겠다고 하면서 전화를 끊었다. 장OO은 나에게 "내일 200만원 가지고 오세요." 하고 가버렸다. 전화 상점에서 전화 한 대가 125만원인데 내 생각에 싸다고 하였다. 우리집이 돈을 쌓아 두고 있는 사람같이 그렇게 말하고 사라진 쪽만 바라보며 생각을 해 보니 도저히 돈을 구할 길이 없었다. 그래서 무엇을 하든지 돈이 있어야 하는구나 하면서 하늘만 쳐다보았다.

전화대금 200만원

그때 전화 한 대가 125만원인데 싸기는 하지만 200만원이 어디에 있을 턱이 있겠는가? 그때 집 한 채가 100만원이면 좋은 집을 살 때였는데 어디에서 200만원을 구한단 말인가 생각하며 그 돈이 어떻게 쓰일지 생각도 해본 적이 없이 옛날에 대한수도원에서 하나님께서 성령 받은 것은 어디로가고 인간의 생각만 가득하였다.

하나님께 기도 한 번 해본 적 없이 그저 장OO이면 무엇이든지 된다는 생각만 머리에 가득 차 있었으니 전지전능하신 우리 아버지는 잃어버렸었다. 돌이켜보면 역사하시는 우리 아버지 하나님께서는 앞으로 올 어마어마한 일을 이겨내고 진실한 하나님 자녀로 만드시기 위하여 모든 것을 시험하시며 나를 살리기 위하여 나 같은 죄인을 보살펴주시며 인도하여 주셨던 것이다. 앞으로 내 생애에 올

것을 살피시고 보살펴주심을 감사한다. 하지만 그 순간에는 아무것
도 자각하지 못하였다.

　고민 중인데 집주인 할머니께서 오셔서 나를 탁치시며 "무슨 생
각을 그렇게 하고 있느냐?"고 하셔서 지금까지 진행되어 온 사실을
낱낱이 말씀드렸더니 할머니께서 그런데 무엇이 문제냐고 하셔서
"돈이 없다."고 하자 "그래 내가 해 주겠다"고 하시며 밖으로 나가더
니 오셔서 "200백만원 가지고 왔으니 잘해 보라."고 하시면 큰 사업
가가 되어도 나를 잊어버리지 말라고 하셨다. 그래서 "고맙습니다.
평생 이 은혜는 잊지 않겠습니다." 하고 그 돈을 받은 나는 너무 감
사해서 몇 번이나 인사를 하였다. "하나님 아버지 어찌되나요?" 하
면서 기도하고는 하나님을 잊어버리고 이 돈을 어떻게 주어야 하는
가 생각만 하고 우리 아버지 하나님을 잊어버렸다.

　다음날만 오기를 기다렸다. 드디어 다음날이 와서 일찍 나가서
기다렸더니 장OO이 좀 늦게 와서 "돈을 달라."고 하여 주었더니 뒤
도 안 돌아보고 가버렸다. 그래서 이때나저때나 오기를 기다려도
장OO 씨는 안오고 하루 해는 넘어갔다. 그래서 집에 와서 아프다고
밥도 안 먹고 누워 있으니 잠도 안오고, 결국 뜬 눈으로 밤을 새우
고 가게에 일이 있어서 나가봐야 한다고 하고 일찍 나가서 문을 열
고 있으니 속이 타서 견딜 수가 없었다. 눈빠지게 장OO 씨만 오기를
고대하는데 마침 장OO 씨를 소개해 준 박OO 씨가 양복을 쫙 빼입고
와서 하는 말이 별일 없지 하며 들어오는데 얼마나 반가운지 맞이

하여 먼저 소개한 장OO 씨 요즘 잘 만나느냐고 물어본다. 못 만나고 있다고 하면서 자초지종을 말하였더니 그런 일이 있으면 나한테 물어보고 해야지 하면서 화를 버럭내며 "소개할 때 무엇이든지 상의해서 하라고 했지 않느냐 무슨 말을 하는 것이냐"고 하더니 "그러면 어떻게든지 잡아야지 하며 치안본부는 너도 잘 알고 나도 잘 알지만 다른데 아는 사람 없느냐 하길래 남산에 내가 아는 사람이 있지만 높은 사람이 아니어서...." 하니 "그래 그럼 남산에 가자"고 해서 남산에 가서 면회신청을 하는데 이 안에 와서 본 것을 나가서 누설하면 몇 년 징역, 그저 징역이라는 말이 수없이 적혀 있었다. 그래서 한 줄 한 줄 읽어 내려가면서 면회 신청서대로 기록하여 살펴보고 하면서 신중히 생각하면서 접수하는데, 기분이 좋은 편은 아니었다. 그런데 두 사람을 다 적어서 접수하니 접수실에서 불렀다. 갔더니 면회증표를 받아서 면회실에 가서 기다렸다.

정OO 선생 면회하다

"네가 나한테 면회를 다 오고 무슨 일이냐" 해서 인사를 먼저 드리고 박OO 씨를 인사시키고 박OO 씨가 소개해 준 장OO 씨와의 자초지종을 다 말을 하였더니 갑자기 정OO 씨가 박OO 씨를 보고 "일어나라"고 하더니 일어나자 구두발로 사정없이 차고 밟았다. 그곳에서 쓰러졌어도 사정없이 때리고 나서 또다시 "일어나라"고 하니 벌떡 일어나고 앉아 하더니 "주민등록증 내라" 하니 주어서 받더니 나보고 "이 사람 하고 같이 가서 이 사람 네 집을 보고 오라"고 하여 같이 나와서 택시를 타고 가는데 신촌 산꼭대기를 올라가서 판자촌 오막살이 집으로 들어가니 아이들과 부인이 있었다. 그런데 '나보다 더 못 사는데 그렇게 양복을 멋지게 입고 다니는구나' 하는 생각을 하면서 나는 기분이 좋지 않았다. 나는 이 분이 잘 살고 멋진 집에서 잘 사는 사람으로만 생각했는데 실망이 이만저만이 아니었다.

그래서 소개받은 사람도 위대하게 생각해서 천하를 얻은 기분이었는데, 실망이 너무 커서 돌아오는데 언제 왔는지 도착하여 들어가서 또 면회신청하여 다녀왔다 연락하니 나보고 "어떻든?" 하시는데 묻는 말에 대답을 못하고 멍하니 앉아 있으니 "세상은 이런 일도 있으니 조심하여 살아야 되는 것이다." 원래야, 내 이름을 부르면서 "이것도 살아가는데 큰 도움이 될 것이다. 세상은 네 마음 같지 않다. 좋은 사람만 사는 것이 아니라 악하고 사기치고 뜯어먹고 나중에는 언제 보았더냐 하는 세상이니 항상 조심하고 또 생각하고 심사 숙고해서 사람도 사귀고, 친구도 사귀고 하여 다른 사람에게 해를 끼치는 일 없이 이 세상을 잘 살면서 주어진 가정을 잘 지켜라. 그리하여 잘사는 사회를 만들어라 하면서 너는 절대로 남을 해치거나 손해 입히지 말라."고 한다.

박○○ 씨 수녀원 공사

그러더니 "박OO 씨 정릉수녀원에 경보기 공사한 것이 있지요." 하니 "예" 한다. "박OO 씨 위임장하고, 영수증 200만원짜리를 쓰세요." 하니 위임장과 영수증을 써서 나한테 주면서 "미아리성가병원에 가서 경리과장을 찾아서 이것을 주면 200만원을 줄테니 받아서 갚고 다시는 허영심버리고 내가 노력해서 살아라. 아무 말도 듣지 말고 살아가라" 하면서 "나가들 보라."고 하였다. 다음날 성가병원에 가서 경리과장님을 찾아서 서류를 드렸더니 200만 원을 즉시 내어주셔서 받아서 나오는데 박OO 씨가 정문에서 지키고 있었다. 그러더니 다방에 가자고 하더니 차를 마시며 눈물을 흘리면서 사정 말을 하는 것이었다. "내가 그 돈이 없으면 우리집이 파산이 나니 나 좀 살려주세요." 다방에 사람도 많은데 나를 붙잡고 사정을 한다. 그래 하는 수 없이 100만원을 주고 100만원만 가지고 가게 할머니께 찾아가서 사실대로 말씀드리고 100만원을 드리고 보증금 100만원을 상계하고 나머지 잔금을 받고서 가게를 접었다.

알루미늄 샷시를 시작하다

동아건설 최원석 회장과 친척인 사람이 나와 함께 알루미늄 샷시를 하기로 해서 알루미늄 샷시를 할 수 있는 길이 열렸다. 퇴게로 스카라극장 위에 사무실을 내고 개업을 했다. 개업을 하고 몇 달을 지나도 일은 별로 없고 사무실 면적이 넓어 비용이 많이 나갔다.

하루는 사무실로 수염이 덥수룩한 한 분이 찾아오셔서 사장을 찾기에 "제가 사장입니다." 하니 서로 인사를 나누고 이런저런 대화를 나누다가 "사업이 잘되느냐?"고 하시길래 "요즘 사업이 잘 안 된다."고 하니 "잠시 그러면 말씀을 드려도 되는지 모르겠네요." 하면서 주저주저하길래 "말씀하십시오." 하니 "사무실 반을 막아 사용하게 해주시면 모든 경비를 다 드리겠다."고 하는 제안을 하는게 아닌가? 특별히 안될 이유가 없어서 그렇게 하자고 승낙하고 사무실을 바로 막아서 함께 쓰게 되었다.

첫 번째 강남역 사거리

　　며칠 지나자 김사장님이 나더러 자기 차를 타고 함께 가자고 했다. 타자마자 기사에게 영동에 가자 하여 앉아 있으니 제3한강교를 건너면서 참 좋다 하면서 가다가 지금의 첫 번째 강남역 사거리 근처에 차를 세우라 하더니 나더러 이 땅을 사라고 하였다. 그래서 내가 보니 첫째, 자갈밭이요. 둘째, 잡초가 수북이 난 곳인데 사라고 하니 어이가 없어서 아무 말도 안하자 "차를 탑시다." 하고 오는 도중에 "내 말만 잘 들으면 돈방석에 앉혀드릴 것이니 내 말을 잘 들으세요."라고 한다. 그래서 "저는 돈이 없다."고 하니 돈이 없으니 내 말을 잘 들으라고 한다. 그러더니 차 안이 불편하니 사무실로 가자고 한다. 사무실에 가서는 "나랑 이야기를 좀 합시다. 사람들은 다 내보내고 내 말 잘 들으세요. 돈 500만원만 구해 오세요. 그러면 500만원 가지고 5,000만원짜리 땅을 계약하시면 5일 아내에 1억에 팔아드릴께요. 그리고 1억을 가지고 10억짜리 땅을 사서 20억에 팔아서, 또 40억 땅을 사서 80억에 팔고, 또 160억짜리 사면 돈 보따리가 되는 겁니다. 내일은 영동에 갑시다. 다시 말하자면 명의이전도 필요없이 사서 계약만 하면 내일 바로 팔아드릴 수도 있고 그러지 않으면 김사장님이 생각하시는데로 샀다가 팔아드리는 것이니 걱정을 마시고 내 말만 들으시면 3개월 안에 돈방석에 앉혀줄테니 아무 생각 마시고 내 말을 들으라."고 한다. 내가 생각해 보니 자갈밭이요. 잡초밭을 보고 참 좋다 하는 사람이 사기꾼이 아니면 누가 사기꾼이냐? 싶었다.

두 번째 잠실 사거리

　며칠후 김사장님을 만나서 또 차를 타고 두 번째로 간 곳이 지금 롯데호텔 자리였다. "이 땅을 사세요." 하는데 모래밭이고 땅콩밭이었다. 그 순간 내 마음이 변하였다. 차를 타고 오면서 별소리를 다 하여도 내 마음이 열리지 않았다. 며칠이 더 지나서 또 생각을 하여도 그때만 해도 땅 투기는 생각지도 못한 시절이었다. 내 생각은 오로지 농사이고 개발이라는 생각은 해본 적이 없었다. 그래서 차를 타고 갔다 오면 더욱 더 사기꾼의 일이라고 믿고 있던 생각만 난다.

　그 시절 생각을 하면 하나님께서 내 성격을 잘 아시고 내 마음을 감찰하시는 분이 아니신가? 내가 돈이 많으면 절대로 하나님을 믿지 않는다는 것을 아시는 하나님께서 김OO 씨 말을 들으면 절대적으로 안 되는 것을 하나님 아버지께서 마음을 열지 못하게 하셨다. 그러므로 오로지 농사일만 생각나게 하고, 논이 있는 것도 오로지 다수확 생각만 하게 하시는 것이었다. 들어오면서 별말을 다해서 나를 설득시키려 했지만 소용이 없는 일이었다. 한결같이 굳은 마음이었다.

　사무실에 들어오니 많은 사람들이 김사장님을 만나려고 줄을 서서 기다리며 다툼이 있었다. 그런데 김사장님이 이러지 마시고 한 줄로 서셔서 한 분씩 들어오라고 하니 금방 서로서로 양보하면서 줄을 서는 것이었다. 나는 관심이 없는데 왜 그렇게 김사장을 만나려고 아우성을 치고 애태우면서 만나려고 힘을 쓸까 싶었다.

　나는 내 사무실에 와서 내가 사기를 당해서 가게도 못하고 이곳에 와서 별일을 다 보는구나 하면서 하나님께 "왜 저한테 또 사기꾼을 붙여 주셨나요? 아니면 앞으로 어떻게 하라고 이러시나요?" 하고 기도했다.

세 번째 서초 향나무 자리

　며칠 있다가 김사장님이 차를 타라하여 타고 갔더니 향나무가 있고, 바위덩어리가 있고, 호박밭인 곳이었다. 그런데 그것이 좋다 하니 기가 막혔다. "한 달 안에 거부가 되시는데 왜 망설이나요. 시간이 얼마 안 걸려서 해 드릴 것이니 안심하시고 하세요. 그러면 돈방석에도 앉으시고 금뱃지도 달아드릴 것이니 내 말만 들으세요." 하면서 설명을 해도 내 마음은 움직이지 않고 있는데, 또 김사장님은 설명을 하는데 내가 그분 말에 귀가 쏠리지 않았다. 그래서 나는 대답하지 않았다. 그렇게 그날이 지나고 다음 날 김사장님이 나보고 "어떻게 생각해 봤냐"고 한다. 지금 생각해 보니 명동 어느 호텔 커피숍에서 차를 마시면서 말하기를 "전번에 돈에 대하여 말씀 좀 드렸는데 생각 좀 해 보셨나요?" 해서 "아니요" 하니 "돈이 싫으시나요? 예를 들어서 100억을 투자하면 200억이고, 200억 투자하면 400억이요, 400억 투자하면 800억을, 800억 투자하면 1,600억이고, 1,600억 투자하면 3,200백억인데 이것이 멀리 가서 이루어지는 것이 아니고 내가 마음만 먹으면 히루에도 이루어지는 것인데 나를 못 믿으시나요?" 한다. 금방 "내가 어제도 5,000억짜리 땅을 사 주었는데 그것도 3일 안에 팔아줄 것이고 또 사줄 것이니 걱정 말고 처음에 조금씩 하세요 내가 김사장님 땅이면 하루에도 팔아줄 수가 있어요. 그럼 먼저 들어 가세요" 하고 가버렸다. 그래서 나는 사무실로 들어왔다. 들어와서 생각하니 '이러한 일이 왜 내게 또 왔나요? 절대적으로 제가 살면서 남을 믿지 말라는 제 생각은 변함이 없습니다. 힘을 들이고 남에게 해를 끼치지 않고 살겠습니다.' 하는 기도가 나왔다.

일간지 신문에 다 나다

사람들이 김사장님과 어디에서 헤어졌느냐 하며 김사장을 찾았다. 그래서 나하고 차 한 잔 하고 있다가 들어가시라고 하며 헤어졌다고 하니 어떤 사람은 김사장님을 만나야 땅을 사는데 하면서 조바심을 내었다. 그런데 김사장을 찾는 사람들이 나한테 와서 묻고는 나가고 나가면 또 다른 사람이 와서 묻곤 하였다. 여러 사람들이 이렇게 자꾸 나한테 물으니 내가 기분이 이상하게 으스대는 기분이 들어서 정신을 차리려 하니 마음이 '아니다' 하였다. 달이 흘러갔는데 아침에 일찍 나가서 보니 전에는 절대적으로 이런 일이 없었는데 사무실에 일찍 불이 켜져 있었다. 그래서 들어가니 "나한테 돈을 많이 벌어드리려고 그렇게 말씀을 드려도 내 말을 안 들으셔서 어제 저녁에 명동에 나갔더니 별것도 아닌 것들이 명동거리를 다니는 것을 보고 옥상이 어디 없나 하고 찾아 옥상에 올라가서 100만원짜리 한 다발을 터트러서 확 던졌더니 지나가던 신사숙녀 할것없이 돈 줍느라고 정신이 없는 것을 보고 사장님 생각이 또 났습니다. 왜 내 말을 안 들으시나요? 기가 막힙니다." 하면서 "이것이 엊저녁에 돈 뿌린 장면입니다." 하고 신문을 내어주었다. 기사와 사진에는 돈 줍는 사람들이 많이 있었다. 그때에 각 신문에 기사가 자세히 실려 있었다. 일찍 와서 소주를 마시면서 "이재는 사장님과 이별할 때가 왔습니다. 그 동안 감사했습니다." 그러더니 100만원 뭉치를 주면서 "이것으로 사무실을 정리하려고 합니다." 그래서 "이 돈도 남는다."고 하니 남는 돈은 가지라고 하며, 김사장님이 내 마음을 알았으면 얼마나 좋았을까요, 하면서 헛헛하게 웃었다.

을지로 4가 3평 가게로 오다

　끔찍이 나를 생각하던 김사장과 모든 것을 끝내고 서로 헤어져서 을지로4가로 오게 되었다. 을지로2가 동장님이 가게를 소개해 주셔서 거기서 "율산알미늄" 간판을 걸고 사업자등록을 하고 시작을 하였다.

　그런 과정을 거치면서 나는 성림교회 재정부 계수위원으로 집사직을 봉직하고 있는데 교회에 맹화섭 장로님이 알루미늄 샷시를 하라 했다. 나는 "허세환 집사님이 교회 앞에서 샷시를 하시는데 내가 하면 안되지요." 하니 "허집사님은 자재를 사오려면 교회에서 돈을 주어야 되는데 교회에서 계약금을 줄 수가 없어서 못한다 하니 집사님이 계약금없이 어렵지만 알루미늄을 해놓고 돈을 받으라"고 해서 허집사님을 만나서 서로 의논하기로 했다.

허집사님께 교회에 샷시를 해서 미장일을 마무리 해야 하니 알루미늄 샷시를 속히 하시라고 하니 "나는 지금 바빠서 못하니 김집사님이 빨리 샷시를 끼워주어야 다른 일이 지장이 없으니 김집사님이 수고를 하라"고 하는 것이 아닌가? 그래서 승낙하고 시공을 하였다.

그래서 교회에 알루미늄 샷시 공사를 하는데 그때 수준에 최고 좋은 샷시로 전체를 다 시공하였다. 다 마친 후에 돈을 좀 받으려고 재정부에서 눈치를 보니 신축한 교회 건축회사에 대금을 다 지급하지 못해서 그 회사 김사장님이 오셔서 지키고 있어서 먼저 받을 수가 없었다.

세월은 가고 외상으로 가져 온 자재값은 빨리 갚아야 하는데, '우리집 몇 채 값인데 이것을 위하여 어떻게 해야 하나요?' 하면서 새벽기도를 하고 아침을 먹고 가게에 나갔다. 사실 을지로에는 샷시 가게가 많이 있는데도 조그마한 가게인 우리 가게로 오시는 손님들이 좀 있어서 나는 아버지 하나님께 감사의 마음을 가지고 살아갔다.

교회 샷시값 전체 건축헌금으로

교회를 위해 내 집도 저당을 잡혔지만 불안하거나 두려움이 없었다. 그것은 하나님의 집에 들어간 것이기 때문이었다. 하지만 지금 사는 집의 몇 채 값인 알루미늄 샷시 대금을 못 받아 사실 많이 곤란한 지경이었다. 그렇지만 내가 재정부에 있으면서 재정 상황을 보고 있고 교회건축을 하신 김사장님이 돈을 받으러 오셨다가 재정 지출하는 것을 보시고 실망하시기를 한두 번이 아니었고, 재정부장 여준국 장로님이 죄송하지만 다음 주에 뵙자고 하시면 아무 말씀 없이 돌아가시는 것을 여러 번 보았던 터라 마음이 많이 아팠다. 그래서 하다못해 새벽에 하나님께 기도하면서 그러한 생각이 나곤 했다. '너는 황회장한테 외상으로 네 돈 한 푼 없이 교회공사를 했는데, 기왕 빚진 김에 좀 참으면 네가 돈을 벌어서 천천히 갚으면 되지 않겠느냐?' 하는 생각이 자꾸 들었다. 장재덕 목사님께 "알루미늄 샷시 값은 건축헌금으로 하겠습니다." 하니 목사님께서 고맙다고 하시며 내 손을 꼭 잡으시고 기도를 해주셨다. "집도 잡혔는데 그 많은 샷시값을 헌금하시다니!" 하시면서 눈물을 흘리시며 축복기도를 해주셨다. 그래서 "목사님만 아시고 계세요." 서로 약속 하고 헤어지려 하니 다시 기도하자고 하시며 축복기도로 몇 갑절의 축복을 받았다. 하나님께서 주실 것을 생각하니 기쁘고 기쁘기 그지없었다. 그러고 나서 한달도 안되어 아이들과 함께 한탄강에 물놀이를 가자고 하여 갔다왔다. 이튿날 아침에 나가서 가게문을 열고 있는데, 전화가 왔다. 숙명여대에서 온 전화였다. "어제 어디 다녀왔느냐"고 하셨다. 아이들하고 한탄강에 다녀왔다고 하였다. 그랬더니 "을지로에서 어제 샷시하는 사장님들이 다녀가셨는데 사장님만 안 오셔서 먼 데 가셨나 하여 전화드렸습니다. 오늘 들어오실 수가 있겠냐"

고 해서 그러겠다고 하였다.

숙명여대에 샷시공사 계약을 하다

"어제 을지로에 있는 샷시가게 사장님들은 다들 다녀가셨는데 사장님만 안 오셨더군요. 나는 사장님을 기다렸는데 안 오셔서 전화를 드렸던 것입니다." 그러면서 견적은 다들 비슷비슷하다며 견적서에서 네고가 되냐고 해서 해드린다고 하자 즉시 계약서에 서명을 하였다. 납품 날짜를 상의하였다. 그리고 도면을 받아가지고 와서 율산 알미늄 대리점에 가서 황덕수 회장에게 이것도 돈 한 푼 없이 계약만 하였으니 공사 끝나고 돈 나오는 즉시 돈을 주겠다고 하니 흔쾌히 승락을 하였다. 도면과 맞추고 실척을 하니 차이가 나서 완벽하게 재실측하여 알루미늄 샷시를 절단하고 완전조립하여 시공하니 보기에 너무 좋았다. 공사가 잘 마무리가 되어서 공사비를 받아서 황회장에게 자재 대금을 갚고 성림교회 공사 샷시 외상값까지 다 갚으니 오히려 돈이 남았다. 추가공사가 또 나와서 오히려 마진이 많이 남았다.

참으로 감사한 것은 그 많은 업체들이 다녀간 날 계약을 하지 않고 참여도 하지 않은 내게 계약을 할 수 있도록 된 것이 어찌 사람의 생각으로 설명될 수 있을 것인가? 하나님의 도우심으로 을지로에서 제일 작은 가게인 내가 큰 공사를 해서 모든 알루미늄 샷시 부채를 다 갚았다.

전지전능하신 우리 하나님께서 그렇게 해서 재정부에서 돈이 남으면 받으려고 했던 어리석은 생각에서 또 하나님의 기적을 체험하게 하셨다.

낚시가게도 잘 안 되어서 나간 3평 남짓한 가게에 몇 토막의 샷시만 있는 가게에서, 을지로에서 가장 작은 가게에서 이토록 큰 공사를 하여 모든 부채를 다 갚았다. 우리 하나님 아버지께서 역사하셔서 이러한 기적 같은 일이 생겨서 너무너무 하나님께 감사했다.

처고모님께서 소천하시다

육촌처남 김범도가 철원 땅을 팔아서 장리쌀 보관증을 드렸는데, 김경열이와 김준성이가 1년 후 30가마로 불려준다는 말을 믿고 내줬다가 탕진하여 낭패를 본 일이 있은 후 처고모님은 먼저 을지로 6가 메디칼센터에 신장병으로 입원을 6개월하셨다가 집에 계실 적인데 그 쌀로 인하여 걱정을 많이 하시더니 그해 1977년 11월 12일 소천하셨다. 너무나 안타까운 것은 병원에 돈이 많이 들어가도 그 쌀은 고모님 아드님들이 통일되어 오면 주려고 말씀드렸기에 한 가마도 병원비로 쓰지 않고 어렵게 모아서 병원비도 다 해결하는 것을 아시고 나보고 미안하다고 하시던 처고모님께서 소천하신 것이다.

눈물이 앞을 가려도 내색을 못한 것은 참으로 알뜰살뜰 모으신 땅인데 그 땅이 하루아침에 날아갔으니 얼마나 마음고생이 컸으면

누구한테 하소연도 못하시고 운명하신 처고모님을 생각하면 나도
말이 안 나오는데 처고모님은 어떠하셨을까 생각된다.

성림교회를 섬기다

안수집사 되다

1981년 1월 21 이재영 목사님께서 부임하시고, 5월 29일 이재영 목사님 위임식과 김성의, 김교수 장로장립, 신상식, 양계용, 한용대, 김원래, 송창호, 집사장립, 김복순, 염복순, 장순덕, 배필순, 권사취임식이 열렸다.

전 총회장 이영수 목사님께서 설교해 주셔서 위임식과 장로, 집사장립식과 권사취임식을 성대하게 큰 잔치를 치뤘다.

나는 안수집사가 되어서 한용대 집사는 재정부 회계로 나는 재정부 부회계로 회계업무인 돈 관리를 하게 되었다. 우리 하나님께서 매주 훈련을 시키시는데 하나님의 돈은 잘못 쓰면 몇 배의 손해를 본다는 것을 가르쳐주셨다.

전적으로 회계 8년을 하면서 전지전능하신 우리 하나님 아버지께서 세상에서 살면서 필요한 것이 독이 되는 법칙까지 알려주시며, 재정부에서 한층 높은 신앙생활을 하게 하셨다. 내 것이 따로 있고 하나님 것이 따로 있는 것을 알려주시며 무서운 하나님을 알게 하셨다. 그래서 지금까지도 하나님 것과 내 것이 무엇인지 알고 하나님 것은 잘못 사용하면 안 되는 것을 알게 해주셨다.

이렇게 1년 52주를 한 주 한 주를 지내면서 성도님들이 헌금하는 것이 하나님께서 간섭하시는 것을 목도하였다. 나는 토요일이면 내일 쓸 돈을 생각하지 않을 수가 없었다. 첫째 주일은 돈을 넉넉히 찾아서 간다. 재정이 모자라면 대납하여 교역자님들의 사례를 차질 없이 맞춰드리고 회계가 입체한 돈은 정확하게 기록하므로 나는 신경쓰지 아니하고, 돈을 지불하였다. 한용대 장로님은 회계를 철저하게 보시는 분이다. 만약 10원짜리 하나만 틀려도 다시 계수하여 장부와 일치하지 않으면 다시 돈을 계수하게 하여 금액이 돈과 일치해야 일을 마쳤다.

장로가 되다

안수집사에서 1986년 5월 5일에 장로장립을 받아 장로가 되었다.
집사 때에도 받은 은혜가 크지만 장로가 되어서는 더 말 할 수 없는 복을 받았다. 장로가 되어서 지나온 세월을 생각해 보면 농도원 교육을 받게 하셔서 더 확실히 전지전능하신 그 분을 알게 하시고, 사기꾼도 만나 서울에서 큰돈 200만원을 사기당하여 방황할 때도 돈 때문에 죽지 못하게 하시려고 돈을 많이 벌 수 있는 길을 열어주셨다. 죄악과 사탄의 유혹에서 건져내 주시려고 그때를 슬기롭게 지나게 하신 것은 지금도 아찔하지만 참으로 감사한 일이다.

이는 곧 나를 잘 아는 분이 하나님이시니까 가능한 일이다. 내가 아는 나는 만약 돈이 많았다면 하나님을 100% 안 믿었을 것이기 때문이다. 또 정치에 팔려서 무슨 짓을 하다가 죽었을지 알 수 없다. 왜냐 하면 그때 돈이 많이 있으면 허랑방탕하다가 죽었을 것이다.

이렇게 죽을 죄인을 살리셔서 성림교회에 재정부의 계수위원으로 3년, 전적으로 돈만 취급하는 부회계로서 8년 동안 하면서 하나님의 돈은 절대적으로 1원이라도 사적으로 써서는 안 되는 것을 배웠고 철두철미하게 사용해야 되는 철칙을 알았다.

전지전능하신 우리 하나님 아버지께서 나를 잠시 재정부에서 떠나게 하시다가 재정부에 뜻하지 않은 사고가 나서 이재영 목사님이 재정부장과 부원들의 전체 사표를 받으시고 재조직하기로 당회에서 결의가 되어 전직 재정부원들은 재정부에서 나가게 되었다.

교회가 어수선한 그때 하나님 아버지께서 이재영 목사님에게 지혜를 주셔서 좋은 사람들을 선정하셔서 당회의 인준을 받아서 임명하셨다. 당회가 결의한 결과 부족한 나를 재정부 부장으로 임명하시고 부원들을 세우셔서 재정의 귀중성을 온 교회에 일깨운 것도 하나님의 은혜이다. 재조직할 때 목사님께서는 말씀으로 권면하시며 잘해서 하나님께 칭찬받는 일꾼이 되길 바란다며 하나님께 기도해 주셨다.

축
장로장립
장로 김원래
본 교회 시무
장로로 장로 됨을
진심으로 축하 드
립니다.
「성구 : 네가 죽도록 충성하라 그리하면 내
가 생명의 면류관을 네게 주리라」 (계 2 : 10)
주후 1986년 5월 5일
대한예수교
장로회 성림교회
(서울시 관악구 신림10동341~2)
당회장 이 재 영

재정부장이 되다

무거운 직함을 받으므로 재정부원들에게 인사의 말씀을 드리면서 "여기에 오신 부원님들께서는 전지전능하신 우리 하나님 아버지께서 거룩하신 하나님의 돈을 계수하며 지출할 때 올바르게 사용되도록 감시하며, 감찰하시는 마음으로 어렵고 귀중히 여기며 최선의 힘을 다하여 우리 하나님의 일을 즐겁게 합시다." 라고 인사를 했다.

부족한 사람이 재정부 부장이 되어서 하나님께서 세워주신 부원들이 잘해 주어서 1년, 2년 지나가며 우리 하나님 아버지께서 풍성한 복을 주시고 재정이 풍부하게 잘 집행되었다. 교회 부채를 하루속히 다 갚기 위한 목표를 정해 놓고 하나님께 간구하면서 재정부부터 은혜를 주셔서 온 성도들과 함께 부채를 다 갚을 수 있도록 도와 달라고 하나님께 기도하였다.

적자에서 흑자 재정이 되도록, 힘을 합하고 마음과 뜻을 다하여 그 어려울 적에 보살펴주신 하나님께 감사기도를 한다. 다들 우리 아버지 하나님의 도움을 받기로 결심하며 일할 때마다 우리들의 마음이 한마음이 되어서 하나님의 일을 하는 재정부원들이 되었다. 주일이면 서로 만나 기뻐하며 다들 즐거웠다. 1년, 2년 지나면서 하나님의 은혜가 넘쳐서 재정이 넘치는 교회가 되면서 어느덧 세월이 지나며 부채도 다 갚는 희망찬 부흥하는 성림교회가 되었다. 재정부 부장이 된지가 7년이라는 세월이 흘러서 부채없는 성림교회가 되었다.

부채없는 성림교회의 재정을 후임부장에게 인계를 해주고 지나온 8년을 더듬어 생각해 보면서 재정은 하나님의 돈이기에 잘못 사용하면 안 된다는 것을 알고, 아나니아와 삽비라와 같이 하나님의 것을 도둑질하면 죽는다는 생각으로 절대적인 하나님의 것을 생각하며 사용을 해야 한다. 하나님의 뜻을 모르는 신자에게 하나님의 돈은 잘못 쓰면 안 된다는 것을 알게 하여라. 교인이라면 이 원리를 깨달아 가정과 교회에 재앙을 받지 않게 후대들에게 전수해야 한다. 하나님의 돈을 잘못 쓰면 누구든지 벌 받는다는 것을 명심해야 한다.

목사님과 평신도는 다르다는 사실을 후대들에게 잘 가르쳐줌으로 금전에 대하여 죄를 짓는 일이 없도록 가르쳐서 가정이나 교회에서 재정으로 인하여 범죄하는 일이 없도록 잘 지도해야 한다. 그리하여 세상사람들과 구별되는 삶을 사는 가정들이 되어서 하나님께 영광돌리는 가정이 되자는 것이 내가 깨달은 바이고, 후배 부원들에게 내가 강조해 온 바이다. 이것을 아는 가정은 하나님의 은혜가 넘치는 가정이 된다.

관리부장으로 임명받다

교회 관리부장으로 임명을 받아서 교회 전반의 일을 살피며 새벽마다 하나님께 지혜를 구하며 내 생각은 접어두고 우리 하나님 편에서 부장의 사명을 위하여 기도하며 지나는 중 우리 하나님 아버지께서 지시하시는 일을 찾았다.

그것은 교회를 짓고 나서 지붕이 부실해서 장마만 오면 비가 새고는 해서 교인들이 많은 불편을 겪고 있는 것이 떠올랐다. '관리부장이 되어서 이것을 고쳐야겠습니다. 비 새는 지붕을 잘 고치기 위해 견적을 받으려 합니다. 돈이 적게 들고 완벽한 일을 할 수 있는 사람을 통하여 견적을 받게 해 주세요. 저는 부족하오니 하나님께서 좋은 사람을 만나게 해 주시옵소서.' 이렇게 기도했다.

우리 하나님께서 인도하셨다

우리 아버지께 기도드리고 견적을 받았다. 허집사와 내가 아는 김사장과 견적을 받았더니 견적 차이가 4배가 넘는 차이가 났다. 그래서 견적을 받아서 공정하게 집행하고자 하는데 선배 장로님이 견적서를 보자고 하여 보여주지 않자 장로님이 허집사에게 공사를 주라고 해서 "견적 차이가 너무 나서 허집사님에게 줄 수가 없다" 하니 왜 그런 견적 차이가 나는지 대면을 해서 우리가 입회하여 타당한 사람을 주자고 한다. 그리하여 김사장을 다음 날 아침 7시에 만나서 견적 설명을 듣기로 하고, 선배 장로님에게 연락해서 내일 아침 7시에 다들 교회로 오시라고 했다. 아침 7시에 이 목사님, 선배 장로님, 허집사님, 김사장님, 나 5명이 만난 자리에서 견적을 내놓았다. 그러니 김사장은 970만원, 허집사는 4,900만원, 4배가 넘는 차이가 나서 왜 이런 차이가 나느냐고 하니 허집사가 "철골이 15톤

이 있어야 지탱이 된다”는 말을 하니 김사장이 “만약 그렇게 하면 벽이 약해서 무너질 염려가 있습니다. 그러므로 4부 합판을 바닥에다 깔고 나서 70mm 압축 골 스치로폼을 깐 다음 스레트를 덮으면 사람이 올라가도 튼튼하여 물도 안 새고 오래 쓸 수 있으니 절대 여기다가 철골이나 시형광 같은 철을 올리면 눈이 오면 그 무게를 지탱하지 못하여 교회가 무너질 우려가 많습니다. 그러니 내 말대로 하셔야지 다른 방법을 쓰면 안 되는 것을 알아야 합니다.” 하니 허집사님이 말을 못하였다. 김사장을 보내고 선배 장로님이 나보고 그 값에 허집사를 주라 하였다.

김사장을 설득하다

선배 장로님이 그 방법으로 허집사에게 공사를 맡기라고 해서 나는 참으로 난처하였다. 서로가 모르는 사이도 아닌데 견적을 잘못 낸 사람에게 공사를 주면 상법에도 안 맞지만 사람의 할짓이 아니라고 선배 장로님께 말했더니 그래도 교회 앞에서 사는데 공사를 못하였다면 교인들이 어떻게 생각할까 싶으니 지금은 허집사를 도와주어야 되지 않겠느냐 하는 말이었다. 그래서 나는 “서로 일하는 사람으로 최고 힘든 말을 하시네요.” 하면서 “교인이면 견적을 잘 내어야지요. 이것이 교회 일인데 안 됩니다. 교인으로 할 일이 아니에요. 내가 견적을 잘못냈으면 나 같으면 안합니다. 바쁜 사람을 오라 하여 아침도 안 먹여보내면서 남의 견적 도면을 뺏어서 공사를 한다는 것은 일반 사람도 안 하는 일입니다.” 하니 그래도 선배 장로님이 주라고 하니 내가 난처해서 김사장을 만나서 밥을 사주며 사정을 말하니 교회에서 그따위로 하면 되느냐고 하면서 나한테 험한 말을 하였다. 그래도 다 내 잘못이니 용서하여 달라고 하면서 사정을 하니 김 사장이 “그 견적 때문에 다른데 일도 못하고 견적을 낸 것을 어떻게 잘못낸 사람에게 내 방식을 다 알려주러 아침 새벽같이 가서 보낼 때는 공사를 주어야 되는 것이 맞는 것이 아니냐”고 하며 질타를 하였다. 그리고 또 다음날 아침에 일찍 찾아가서 김사장에게 잘못을 해서 또 찾아왔다고 하니 밥이나 먹자고 해서, 밥을 먹으며 “다름이 아니라 선배 장로님이 허집사에게 공사를 주라 하니 저를 좀 봐 주십시오.” 하고 말씀을 드렸다. 김사장님은 “내가 깽판을 치려 하였는데 너 때문에 봐준다. 하지만 예수 믿는 사람들이 그런 식으로 바쁜 사람을 불러놓고 그러면 안되지” 하는 것이었다. 그래서 내가 죽을 죄를 지었으니 용서해 달라고 사정사정하여 어렵게 양해를 받았다.

공사를 맡기다

교회에 와서 선배 장로님께 “공사를 장로님께서 맡기라”고 하였다. 그런 과정 끝에 허집사가 공사를 하게 되었다. 그렇게 작업을 지시하고 합판을 깔고 70mm 압축 골 스치로폼을 깔고 스레트를 덮으니 골이 딱딱 맞아 사람이 다녀도 끄떡없었다. 그전에는 많은 물이 샜는데 지금까지도 물이 안 새는 공사가 되었다. 물이 그렇게 많이 새어서 여름이면 물난리를 치루던 일이 이제는 비가 많이 와도 근심 걱정이 없어졌다. 일이 잘 되어서 마음이 좋았지만, 여름만 되면 김사장님의 아이디어가 참으로 나에게 큰 도움이 된 것과 양보해 준 것을 감사하게 생각한다. 또한 비가 새어 온 교회가 골치 아팠던 일을 잘 마무리할 수 있도록 복을 주심을 감사한다.

관리부장의 임무를 잘 마무리할 수 있어서 지금도 감사하고, 풍부한 공사 경험으로 아이디어를 주시고, 견적과 도면을 내어주신 김 사장님께는 감사와 함께 용서를 빈다. 이 모든 것이 전지전능하신 하나님께서 김사장님에게 감동을 주셔서 영광을 올립니다.

철창을 알루미늄으로 교체하다

비록 가게는 작지만 많은 사람들이 찾아와서 공사를 맡기니 일이 참 많았다. 5~6층 건물의 알루미늄 샷시 바꾸는 공사는 건물주와 계약서를 작성할 때 반드시 공사하는 을이 민, 형사 책임을 진다는 계약을 하게 된다. 그 건물에 6층부터 아래로 샷시 창으로 바꾸려면 먼저 실측을 잘하고, 현층에 현관문과 옆쪽에 창들과 다 실측을 잘해서 유리까지 다 끼워놓고, 밤이 되면 철거를 하는데 지나가는 사람도 잘 보아야 하고, 정확하지 않으면 안 되는 것이다. 틀렸다 하면 전체를 다 버려야 된다. 왜냐하면 실측을 잘못하여 실제보다 적을 경우 알루미늄은 이을 수가 없어서 다 버리는 것이다. 그래서 1층 철거를 하였으면 샷시를 끼고 미장을 하면서 현관문 강화유리 문을 달고 미리 창문에 유리낀 창을 틀에다 끼워서 맞아야지 안 맞으면 안 되는 것은 공사하여 돈을 벌려다가 망하는 것이다.

맨 윗층이 끝이 나면 다음 날 밤에 다음 층을 하고 매일 한 층씩 하여 마친다. 보통은 2층부터는 아시바를 매서 안전하게 하는데, 나는 아시바를 매지 않고 공사를 했다. 지나가는 사람을 통제하고, 올라가서 유리창을 깨고, 그다음 쇠로 만든 창을 철거하고, 만들어 온 샷시를 가져다가 전체를 끼우고 미장이 끝이 나면 창문을 달아서 잘 맞도록 수평과 수직을 보고 정확하게 고정하여 마무리한다.

나는 그 공사로 인하여 청계천과 을지로의 대로변 위험한 공사라도 다른 사람들이 안하는 공사를 많이 하였다. 이것이 숙명여대 창문을 아시바 없이 공사한 덕분이다. 보통 공사하는 사람들이 잘못할 수 있어 유리며 창틀이며 샷시공사는 높은 곳은 내가 직접 한다. 다른 직원이 하다가 떨어지면 죽을 수가 있기 때문에 내가 하는 것이 안전하다. 전지전능하신 우리 하나님 아버지께서 반드시 지켜주실 것을 믿고 공사를 시작할 때 기도로 시작하여 기도로 마치고 나면 우리 하나님께 감사와 영광을 올려드렸다.

이런 공사 어렵다

그때 나는 살기 위해서 힘들어도 무슨 일이든지 하였다. 어릴 적에 가난하게 살면서 이 가난을 후대에게 물려주지 않으려고 어떻게든 돈을 벌어서 자식들에게 최고의 학교를 졸업할 수 있도록 뒷받침해 주리라 하였다. 새벽이면 하나님께 기도하고, 낮에는 물건을 만들고 저녁이면 내가 지시하여 사람 다니는 길을 잘 지키게 하고 내가 건물에 올라가서 유리를 깨고 철창을 뜯어내고 하면서 일을 하였다. 이런 일은 아무나 할 수가 없는 일이다. 우리 하나님께서 지켜주시고 사랑하는 가족들이 있기에 그 어려운 일을 하면서도 항상 기쁨으로 일을 하였다. 밤새 일하면서 도와주시는 우리 하나님께서 항상 지켜주시므로 무사히 한 건물을 깨끗하게 변화시켜 건물주가 수고하였다고 말하며 잔금을 줄 적에 돈을 받으면서 우리 하나님 아버지께 감사하였다.

감사한 것은 우리 자녀들이 씩씩하게 공부하며 다닐 적에 다른 아이들에게 빠지지 않게 학용품과 옷도 잘 입히고 자녀들에게 무엇이든지 더 잘 해주고 싶었다. 자녀들이 행복하고 즐겁게 살게 하기 위하여 새벽기도하고, 출근하여 열심히 일하고 하나님 아버지께서 은혜의 복을 주서서 고시원도 하고 살았다. 하나님의 은혜에 감사하다. 8평 집 수도도 화장실도 없는 곳에서 시작하여 하나님의 은혜로 7층 건물에 살게 됨을 감사드린다. 지난날을 생각하면 내가 미련하였다. 만약 내가 공사 중에 불의한 사고라도 만나 사망하면 가정이 파괴되는데 그런 생각은 해본 적이 없다. 다만 우리 가정을 위해서는 죽지 아니한다는 신념이 있어서 아무 일이든지 하나님을 의지

하고 할 수 있었던 것이다.

아시바도 매지 않고 공사한 건물을 바라보다

지금도 시내에 나가면 내가 공사한 건물을 보면서 생각을 많이 한다. 만약 저 공사를 하다가 조금만 삐긋했으면 떨어지는데 어쩌자고 아시바도 매지 아니하고 그 높은 곳에서 철거를, 그것도 낮이 아니라 밤에 공사를 하였을까? 혼잣말로 중얼대며 지나간 적이 많이 있었다. 그렇게 악착같이 벌며 일하다가 나중에는 고급 현관도어를 판매하였다. 그래서 현관문과 차고문, 대문, 고급 현관문을 팔면서 부자집도 많이 보았다.

이제는 그만두고 건물 임대를 하게 하신 아버지 하나님께 복을 받아서 사는데 지장없이 은혜를 주셔서 잘 먹고 잘 살고 있다. 그러면서 은혜 주시는 하나님께서 우리의 세대를 생각할 때 우리가 굶주리고 배고플 때 그 힘들고 어려울 때 전지전능하신 우리 하나님께서 우리를 사랑하셔서 복음을 받을 수 있도록 목사님들을 세우시고, 돕는 장로님들을 세우신 하나님께 감사를 드린다.

그러나 지금 생각하면 우리 아버지 어머니께서는 우리를 키우실 적에 사람이 살아나가는데 필요한 것이 무엇인지 확실하게 가르쳐 주신 것 같다. 우리는 자녀들에게 무엇을 물려주어야 저들이 형제우애하며 서로의 생활을 하면서 우리는 무엇을 받았다고 할 것인지 생각을 해본다. 당연히 신앙을 물려주어야 하는데, 저들에게 확실하게 전수할 의무는 우리에게 있는 것이다.

하나님 아버지께서 말씀을 통해서 대대에 전통적인 영광의 가문을 세우자. 앞날에 우리 후대를 복 주시옵소서. 지금은 자녀들에게 물려줄 것은 전지전능하신 우리 아버지 하나님임을 우리는 알아야 하는데 이것을 알려주려면 많은 노력이 필요하고, 우리 하나님 아버지께서 지혜를 주셔서 은혜를 내려주시길 기도합니다.

원로장로추대패
장로 김 원 래
1941년 3월 8일생
장로님은 1986년 5월 5일부터 2011년 12월 31일까지
본교회 시무장로로서 눈물과 기도로 헌신, 봉사하시다가
은퇴하시게 되어 그 수고와 헌신을 영원히 기억하기 위하여
원로장로로 추대하며 온 성도들의 사랑과 존경의 마음을
이 패에 담아 드립니다.
그 주인이 이르되 잘 하였도다 착하고 충성된 종아 네가 작은
일에 충성하였으니 내가 많은 것으로 네게 맡기리니
네 주인의 즐거움에 참예할지어다(마25:23)
주후 2011년 12월 25일
대한예수교
장로회 성림교회
당회장 진 용 훈 목사

부모님

아버지와 어머니께서는 동절리 72번지에서 사시며 동절리에서 교회를 다니셨다. 부모님은 1987년도에 서울 관악구 신림동 1532번지 우리집으로 오셔서 사시다가 소천하셨다. 아버지는 1910년 11월 12일 세상에 오셔서 1988년 3월 16일 오전 10시에 소천하셨는데, 소천하시기 전에 찬송가 492장 "잠시 세상에 내가 살면서" 찬송가를 불러드렸다. 아버지는 그렇게 아름다울 수가 없이 얼굴이 환하게 피어서 천국에 가시는 모습을 보았다. 우리는 슬프기보다는 더 즐겁게 찬송가를 불러드렸다.

동생들도 와서 아버지 얼굴을 보면서 다들 놀라며 슬퍼해야 하는데 어쩌면 아버지께서 저렇게 예쁘시냐고 서로들 기뻐하는 모습을 보면서 나도 참으로 기뻤다. 장례는 용인산에 안장하여 드렸다.

세월이 흘러서 어머니께서는 막내딸 집으로 가시면 오시지 않으신다. 막내에게 한번도 큰 돈을 주지 못하신 것을 평소에 아쉬워

하시는 눈치를 알고 내가 일부러 만원짜리로 10다발 1,000만원을 만들어서 수원에 가서 어머니에게 드리면서 "이것을 동생에게 주세요." 하고 드리니 매제와 동생과 김권사 있는데서 딸에게 주시면서 그렇게 기뻐하시는 것이었다. 그리고 식사를 하고나서 어머니 여기 더 계실래요 아니면 우리하고 서울로 가실래요? 여쭈었더니 서울로 가자 하여 모시고 온 적도 있었다. 어머니께서는 1920년 4월 30일 출생하셔서 우리 8남매를 키우셨다. 2011년 2월 5일 오전 10시 10분 소천하셔서 서울대병원 장례식장에서 장례식을 치뤘다.

장례식에는 총회장님과 총무님과 많은 목사님들께서 오시고 소강석 목사님은 예배를 인도하시고 전국에서 많은 목사님들과 장로님들께서 오셔서 조문을 하시고 100개가 넘는 조화가 들어온 것을 보고 여러 기자들이 무엇을 하시는 분이냐고 물어보는 사람이 많았다.

성림교회 진용훈 목사님과 부교역자님들과 전도사님과 장로님들과 안수집사님들과 권사님들과 성도님들께서 오셔서 수고를 많이 하셨다. 장례를 호상으로 잘 치뤘다. 하나님의 은혜에 감사하였고 많은 분들께서 오셔서 위로하여 주셔서 많은 위로를 받았다. 너무 송구스러운 것은 지방에서, 각처에서 오셔서 조문하여 주시고 어떻게 돌아가셨는지 안부도 잘 전하지 못하였다. 지금 생각하니 너무 너무 죄송하다. 더구나 증경총회장님과 장로 부총회장님들께서 오셨는데 제대로 인사 못드림을 송구하게 여긴다.

아버지 어머니께서는 확실하게 구원을 받으셔서 천국 가서 뵈

올 것을 생각하며, 이 글을 쓰면서 부족한 아들을 통하여 하나님의 은혜로 예수님을 영접하심을 진심으로 감사드린다.

복받은 우리 가족

우리 자녀는 4남매로 신실한 가정을 꾸리고 잘 살고 있다. 하나님의 은혜에 감사한다. 아이들이 학교 다니면서 공부 잘하고 부모님 말씀도 잘 들으며 잘 성장하였다. 그들이 지금 이곳 저곳에서 하나님을 의지하며 살아가는 모습을 보면서 항상 기쁘게 생각한다.

큰 딸 김혜라는 회사 다니는 박동순과 결혼하여 아들 박상민과 딸 박상윤을 하나님께 선물로 받았다. 아들은 군대에서 제대하여 대학에 재학중이고 딸은 중국에 푸단대학교 다닌다. 사위 박동순은 현재 (주)원상 회장으로 회사를 경영하고 있다.

둘째 딸 김혜란은 약사로 대구에서 개업했고, 둘째 사위 이창우는 경북의대 교수로 있고 아들은 연세대학을 다니고 있다.

셋째 딸 김혜진은 이마트 팀장으로 있는 김원규와 결혼하여 딸 규진을 낳아 잘자라 성균관대학을 나와 한국은행에서 근무하고 있다.

아들 김대영은 며느리 이유경과 결혼하여 선물로 딸 김시연을 얻었고 남동생을 얻으려고 하나님께 매달려 기도하고 있다. 우리 하나님 아버지께서 꼭 이루어주실 것을 믿는다. 현재는 대치동 명인학원 과학 강사로 후학들을 가르치고 있다. 모든 아들 딸들 가정들이 하나님께 구하는 모든 것을 꼭 들어 주실 것을 믿고 감사한다.

첫째딸 혜라 결혼식 기념사진

둘째딸 혜란 결혼식 기념사진

셋째딸 혜진 결혼식 기념사진

아들 대영 결혼식 기념사진

김주옥 권사 서울대병원에 입원하다

　이즈음 김주옥 권사가 아파서 보라매병원에 입원시키고 교회와서 예배드리는데 혜라가 와서 의사 선생님이 서울대병원으로 빨리 모시고 가라고 한다. 주일이라 연락이 안 되는데 청와대 신우회 나오시는 대통령 수행 비서님이 연락이 되어 사정 말씀을 드렸더니 서울대병원에 연락하였으니 빨리 가라고 해서 앰블란스 차를 타고 가서 조영촬영을 마치고 바로 수술에 들어가 8시간 동안 수술을 하였다. 회복실에 가서 늦게 회복이 되어 중환자실에서 간호하는데 마침 조정숙 조카가 병원에 있어서 힘이 많이 되었다. 내가 독방을 얻은 것은 김주옥 환자가 아프다고 찾으면 쉽게 갈 수 있도록 함이었다. 가보면 여기저기 아프다고 주물러달라 하면 잠들 때까지 주물러주다가 잠이 들면 방에 와서 잠이 들 쯤이면 또 아프다고 애를 쓰는 것을 보며 또 주물러달라고 하고 여기저기 아프다고 난리를 치며 울면 달래주고 잠들면 올라와서 잠을 조금 잔다. 참으로 하나님의 권능은 사람들이 측량 못하는 사실이라는 것을 아시나요? 이렇게 되니 병원에 면회 오시는 분들은 언제라도 면회가 가능하였다. 옆

에 환자도 소천하시고, 뒤에 계신 분도 소천하시고, 참 기적 같은 사실
은 오셔서 보시고 머리를 절레절레 흔드시고 서로 입으로는 말씀을 안
하시지만 내가 보니 눈으로 몸으로 제스처로 말씀들 하시는 것이 나도
알게 되는 것은 가망이 없다는 것을 알 수가 있었다.

하지만 정작 나는 걱정이 안 되었다. 그것은 김주옥 권사는 우
리 하나님 아버지께서 보호하시고 계시기에 나는 염려가 안 되었
다. 그런데 면회 오셔서 보시는 분마다 다 놀라워한다.

환자가 많이 부었더라

너무 많이 부어서 보기에 무섭게 느끼고 가시는 것을 보면서 우
리 하나님의 사랑을 더욱 의지하며 말할 수 없는 그 은혜에 감사하
며 잠을 며칠을 못자게 하면서 나를 찾는 김주옥 권사가 오히려 감
사했다. 하루에도 셀 수 없이 불러주는 간호사님들이 감사한 것은
다른 사람들은 그렇게 환자가 보호자를 찾으면 나처럼 불러주겠는
가? 여기에는 조정숙 조카가 많은 힘을 써 주어 전 간호사들이 신경
을 써 주었다. 그래서 나는 잠을 못 자도 좋으니 감사했다. 어떤 환
자가 보호자를 찾는다고 이렇게 불러주던가 생각하면 그때에 우리
아버지 하나님께서 우리 가정을 사랑하셔서 아프다면 어떤 환자에
게 보호자를 이렇게 불러주는 일이 있던가? 거기에 수간호사가 어찌
되어 있는지 누가 보호자 불러주라고 하지 아니하였는데도 특별히
김주옥 환자는 아프다면 중환자실에 있는 전 간호사가 나를 불렀다.

　나는 잠을 못 자도 우리 하나님께 감사했다. 환자가 아프다면 보호자를 부른다. 간호사가 보호자를 이렇게 불러대는 환자는 처음 보는 일이라 하였다. 생각해 보니 우리 하나님께서 김주옥 권사를 이렇게 사랑하셔서 중환자실을 지키시는 하나님의 뜻대로 전체 간호사를 붙드셨다. 놀라운 것은 응급실에 있는 간호사들이 이렇게 김주옥 권사를 위하여 정성을 다하여 간호하면서 환자가 나를 찾으면 지체없이 환자가 찾는다고 연락하면 가서 아프다는 곳을 주물러주고 잠들면 내 방으로 오면서 나는 미안하였다. 하나님께 감사합니다. 많은 사람들의 기도와 정성으로 감사하며 우리 하나님께서 보살펴주시고 지켜주셔서 어디서나 감사한 것은 다들 천국 가시겠다고 다녀가신 분들께서 그때 그 모습 퉁퉁 부어서 어려운 지경에서 우리 하나님께서 살리셨다.

　우리 아버지 하나님께서 살리셨다. 사람들도 몰라보고 누워 있던 사람이 살아서 제 발로 걸어서 병원에서 퇴원한다는 것은 하나님께서 돌아보신 기적 중에 기적이다. 기적을 보려면 김주옥 권사를 보세요. 하나님께서 우리 가정을 보살펴주시고 자녀들에게 복을 주셔서 양친 부모 앞에서 시집 장가갈 수 있도록 보살펴주신 우리 하나님께 감사와 영광을 드립니다. 저에게 은혜를 주시고 복에 복을 주신 하나님께 무한한 영광과 찬미를 드린다. 그렇게 기적같이 김주옥 권사는 완쾌되어 무사히 퇴원하였다.

노회 일을 하다

노회 남전도회 제15회기 회장이 되다

노회가 1992년 10월 12일 남서울노회에서 서울남노회로 분립이 되었다. 고 박철웅 장로님이 남전도회 회장은 김원래 장로가 하라고 하셔서 노회에 남전도회에서 부족한 사람을 회장으로 뽑아주셨다. 1992년 12월 12일 성림교회에서 정기총회를 갖고 회장으로 취임하였다.

장로회장 여준국 장로, 남전도회 회장 김원래 장로, 여전도회 회장 서신은 권사 이렇게 모두 취임을 하였고, 주일학교연합회는 이듬해 2월에 별도로 정기총회를 가졌다.

노회에서 동해에 해군이 훈련을 마치고 오면 쉴 곳이 없으니 회장인 나에게 남전도회에서 동해에 교육관을 지으라고 하신다. 임원회에 여러 번 안건을 내놓았지만 부결이 되어서 확정짓지 못하고 또다시 임원회를 소집하여 안건을 처리하기 위해 동해안 교육관 안건을 상정하였지만, 또다시 처리가 안 되어서 무산이 될 위기를 맞았다.

생각 끝에 회장인 내가 발원권을 얻었다. "제가 1,000만원을 내겠으니 동참하실 회원님 계시면 동참해 주십시오." 하고 회의를 마무리 지었다. 그리고 그 돈을 가지고 노회 전도부장 이재영 목사님과 증경회장님들과 임원들과 함께 동해안 제2함대로 가서 해군 군목에게 1,000만원을 전달하고 기공예배를 드렸다. 그리고 배를 타고 동해안을 돌아보고 서울로 돌아왔다.

한참 지난 뒤 유효근 목사님께서 전화를 했다. 교육관을 일천만원 가지고 잘 지었으니 와서 헌당예배를 드려달라는 것이다. 노회장 윤석봉 목사님과 임원들이 참석해서 헌당예배를 드리니 너무너무 기뻐들 하였다. 노회장 윤석봉 목사, 이수용 제독과 회장 김원래 장로가 현판을 걸고 사진을 찍었다. 장병들이 기뻐하며 즐거워하는 것을 보면서 교육관이 생겼으니 하나님께 영광돌리는 장병들이 되기를 기도하고 올라왔다. 추가로 회원들이 300만원을 모아 군교회에 헌금하였다.

體隊宣敎舘
1함대기독신우회실
'93 12

공 로 패

피계 김 원 래 장로

귀하는 서울남노회 회계의 중임
을 맡아 탁월한 인격과 고매한 성품
으로 노회 발전을 위하여 기여한
공로가 지대하므로 그 뜻을 이 패에
담아드립니다.
"잘 하였도다 착하고 충성된 종아 네가
작은 일에 충성하였으매 내가 많은 것으
로 네게 맡기리니 네 주인의 즐거움에
참예할찌어다.."(마25:21)
2001년 4월 16일

대한예수교
장로회 서울남노회
노회장 임 병 준 목사

공 로 패

김 원 래 장로

귀하는 서울강남노회장로회 제20회기 회장으로 중임을 맡아
헌신적인 노력과 봉사로 노회와 장로회 발전에 기여한 공로가
지대함으로 그 뜻을 이 패에 담아드립니다.
"네가 죽도록 충성하라 그리하면 내가 생명의
면류관을 네게 주리라"(계2:10)
2004. 11. 27

대한예수교 서울강남노회장로회
장로회
회장 이 진 호 장로

전국남전도회연합회 임원이 되다

전국남전도회 증경회장 서병연 장로와 홍종윤 장로님을 만났다. 그분들과 같이 저녁식사를 하게 되었는데 그분은 내게 왜 전국남전도회에 참석을 하지 않느냐고 하셨다. 나는 임원이 아니라서 갈 생각이 없어서 못갔다고 하니 며칠 있으면 홍종윤 장로가 회장이 되니 나와서 부총무를 하라고 해서 15대 홍종윤 장로님이 회장이 되는 해에 부총무로 선임되어 열심히 전국남전도회를 섬겼다.

그때는 순회헌신예배를 많이 드렸는데, 만약 서울에서 드리면 전국 각처에서 모두 다 참석을 했다. 부산, 대구, 광주, 목포, 대전, 수원, 철원, 원주, 홍천, 양양, 의정부, 포천 할 것 없이 하나님께 예배를 드리고 밤중이 되어서야 집에 오는 것은 항상 있는 일이었다. 그래서 주일이면 전국에 계신 증경회장님들과 부회장님들과 임원들께서 많이들 참석하시므로 목사님들이 전국남전도회 헌신예배 장소를 많이 허락해 주셔서 남전도회 위상이 높았다.

지금도 기억이 나는 것은 충무에 예배가 있으면 그곳까지 가서 예배시간이 7시면 예배를 마치고 부산에 와서 11시 완행열차를 타고 오면 서울에 새벽에 도착한 적이 여러 번 있었다. 하나님께서 내리신 지상명령이라 생각하고 열심히 순회헌신예배에 참석하는 사람이라야 전국남전도회 임원이 될 수가 있었다.

전국남전도회 회장을 하려면 열심히 일하지 않으면 회장할 생각도 하지 말아야 한다. 그때 전국에 계신 회원들께 한 표 얻으려고 전국에서 일을 많이 하고 애를 많이들 썼다. 지금은 삼구도로 되어 있어서 그 지역에서 인정받으면 전국남전도회 회장이 되어 이전보다 조금은 수월하게 되었고, 또 교통편도 그때에 비할 바가 아니다.

전국남전도회연합회 회장이 되다

전국남전도회연합회 활동에 열과 성을 다해 임했다. 세월이 흘러 여러 임원들의 인정을 받아 전국남전도회연합회 회장에 피선이되었다. 정기총회를 통해 회장에 취임하였다. 전국남전도회연합회 재임기간은 하나님의 물 붓듯이 부으시는 은혜의 시절이었다.

특별히 재임하는 동안 순회헌신예배 53회를 드렸다.

1차 혜림교회(홍선기 목사), 2차 창운대교회(한명수 목사)

3차 세계로교회(정병관 목사), 4차 연정교회(김용실 목사)

5차 강남교회(송태근 목사), 6차 대명교회(임태득 목사)

7차 서울남교회(이영휘 목사), 8차 구미상 모교회(김승동 목사)

9차 개복동교회(만호 목사), 10차 성현교회(김성규 목사)

11차 혜린교회(이남웅 목사), 12차 김포제일교회(김동청 목사)

13차 가수원교회(변대원 목사), 14차 안산동산교회(김인중 목사)

15차 청복교회(남길우 목사), 16차 인천제2교회(이건영 목사)

17차 남울산교회(이광회 목사), 18차 대구부광교회(박노진 목사)

19차 낙원제일교회(최병현 목사), 20차 동광교회(이치우 목사)

21차 진주성남교회(김제돈 목사), 22차 성내제일교회(최성고 목사)

23차 강능제일교회(박회남 목사), 24차 사월교회(최만수 목사)

25차 부평동부교회(김용택 목사), 26차 전주북문교회(이기창 목사)

27차 삼례동부교회(이은익 목사), 28차 여수제일교회(정성규 목사)

29차 동현교회(예종탁 목사), 30차 금광교회(선병문 목사)

31차 방주교회(최영 섭목사), 32차 제주서문교회(강기옥 목사)

33차 시온교회(저용환 목사), 34차 선교중앙교회 (이능규 목사)

35차 동광교회(정보광 목사) , 차 대방교회(임병준 목사)

37차 꽃동산교회(김종준 목사), 38차 광주동명교회(최기채 목사)

39차 수원제일교회(이규왕 목사), 40차 대동교회(김제철 목사)

41차 원당교회(유선모 목사), 42차 상계제일교회(손인택 목사)

43차 장전제일교회(김계회 목사), 44차 온천제일교회(장차남 목사)

45차 신성교회 (김정완 목사), 46차 시은소교회(김영길 목사)

47차 동은교회(김복남 목사), 48차 서현교회(이성택 목사)

49차 성은교회(김영홉 목사), 50차 대길교회(박현식 목사)

51차 왕성교회(길자연 목사), 52차 행신중앙교회 (민창기 목사)

53차 혜성교회

해외 개척교회 설립

해외선교에도 힘을 쏟았다. 우리나라 평신도 선교사 1호인 이기섭 장로가 세운 인도 코린신학대학교의 본관 1층을 완공하여 헌당하였다.

　그 밖에 인도네시아 우림교회, 파라과이 기술학교, 주 기금 전달, 에디오피아 동구라파 선교지에 선교비를 보냈다. 또한 국내에서는 개척교회를 지원하였다.
　지원교회는 다음과 같다.

　공단교회
　청운교회 건립
　빛내리교회 입당예배
　제주섬기는 교회
　영동교도소

　그 밖에 전국남전도회연합회 사업으로는 홈페이지를 개설하고 백두오피 점등식, 3개 교단 남전도회연합회 연석회의를 개최하였으며, 강원도 영월 소원의항구 기도원 축사, 통합 남전도회 축사, 통영 남전도회 축사, 구세군 남전도회 축사, 부산 남전도회 축사, 고신 남전도회 축사, 기성 남전도회 축사, 예성 남전도회 축사, 기감 남전도회 축사, 춘천교도소 방문, 21사단 선물증정, 기독TV 대담, 국가를 위한 기도회 참가, 개척단 연석회의에 참가하였다.

전국남전도회연합회 총회회관에 사무실을 두다

전국남전도회연합회를 운영하는데 사무실이 너무 작아서 불편했다. 총회 유지재단에 요청하여 총회장님의 재가를 얻어 총회 회관 6층에 30여 평의 사무실을 운영하게 되었다.

진중세례식

세계적으로 진중세례식을 많이 하는 나라는 우리나라밖에 없다. 진중세례식은 논산 신병훈련소를 필두로 여단과 사단급에서도 이루어졌다.

비교적 서울과 멀리 떨어진 지역에 산재해 있어 임원들이 가고 오는데 어려움이 많았다.

지금도 살아 움직이시는 하나님은 눈이 내리는 밤길에 차를 몰고 가면 눈이 쫘악 옆으로 갈라지며 고속도로에 달리는 정경을 상상해 보자. 가도가도 끝이 없는 그 길 끝에 우리의 아들들이, 장병들이 있었으니 달려가지 않을 수 없었다. 자칫 사고라도 나면 어쩔뻔 했을까 싶은 때도 있었다. 그때마다 우리를 붙드셔서 안전하게 지켜주시고 예배시간에 맞게 인도하셨다. 하나님이 순간순간 임하셨다.

진중세례식은 아래와 같이 진행되었다.

세례를 받은 인원이 12,252명에 이른다. 자세한 내역은 다음과 같다.

총계 12,252명 세례

논산훈련소에서 4,961명

육군 제27사단 450명

육군 제30사단 450명

해병대교육 훈련단 570명

영천삼사관학교 3,000명

육군 제55사단 500명

육군 제21보병사단 200명

육군 제7사단 596명

육군 제50사단 575명

육군 제7296부대 350명

육군 제3070부대 600명

날씨를 주관하시는 하나님

전국남전도회연합회 제19회기에 논산훈련소 진중세례식 때 회장 정회웅 장로, 총무 이재천 장로, 준비위원장은 내가 맡게 되었을 때 이야기이다. 서울에서 3명이 일을 보고 진중세례식 전날 논산으로 내려가는데 비가 너무 많이 와서 사방이 캄캄하고 보이는 것이라고는 물뿐으로 바다같이 보였다. 그래서 방을 얻어서 셋이 통성기도 하고 돌아가며 또, 기도해도 비는 그치지 아니하였다. 잠을 조금

자고 아침에 일어나보니 그래도 비가 와서 밥을 먹고 현장인 훈련소에 가보니 운동장에 물이 가득 차 있었다. 훈련소 군목님이 "지금도 비가 내리니 이 빗물은 날씨가 좋아도 마르려면 하루종일 걸릴 수 있어서 운동장에서는 불가능하니 교회 안에서 세례식을 준비할 수밖에 없어 교회 안에다가 모든 준비를 했다."고 하여서, "내가 준비위원장인데, 목사님! 교회 안에서 절대로 세례식을 거행하지 못하니 연병장에다 천막을 치고 식장을 만드세요".하니 나보고 "정신이 나갔다"고 했다. 그래서 우리 회원들에게 빨리 천막을 치고 식장을 옮기라고 지시하여 비가 내리는데도 강행하였다.

세례 받는 장병이 5,000명, 집례 목사님이 273명, 집례 장로 300명, 이렇게 많은 사람들이 교회 안에서 불가능하므로 준비위원장 직권으로 진행하였다. 조금 있으니 바람이 불면서 그 두껍게 끼어서 비를 내리던 구름이 없어지고 햇볕이 쨍쨍하게 나서 연병장에 고였던 물이 마르기 시작하였다. 얼마나 햇볕이 쨍쨍했으면 그 많던 물이 순식간에 다 말라버렸다. 그래서 진중세례식을 마치고 올라오는데 다시 비가 내리기 시작하는 것이었다. 이날은 논산훈련소 세례식장에는 비가 내리지 않았다. 내가 세상에서 기적을 보았디. 하나님께서 인도하셨다. 하나님께 감사기도를 드렸다. 그날은 1999년 9월 18일 토요일이었다.

대방교회 임병준 목사님께서 "그런 날은 생전에 처음 보았다"고 하시며 대 예배 때에 "부산, 대구, 대전, 강원, 인천, 서울, 수원, 평택 다 비가 왔는데 세례 주는 논산에만 비가 오지 아니하고 그곳만 하늘이 쨍쨍한 맑은 하늘과 햇살이 비치더라"고 하시면서 "전지전능하신 하나님께서 역사하셔서서 5,000명 세례식에 큰 은혜 받으시며 세례를 주셨다"는 설교말씀을 하셨다고 한다. 참으로 체험하여 보지 못한 이러한 기적 같은 일을 누가 알 수가 있는가? 하나님이 역사하셔서서 진중세례식을 마쳤다. 논산훈련소에 군목님께서 이러한 날씨를 보고 그날을 잊지 못한다 하시면서 그날의 세례식은 생애애서 잊지 못하는 세례식이 되었다. 그날에 어떻게 내 마음을 감찰하셔서서 절대적으로 연병장에서 세례식을 못한다고 우기던 군목님께서 나중에는 어찌하려나 하고 바라보기만 하더니 세례식을 마치고는 감탄하면서 모든 행사가 잘 끝이 나서 감사하다고 했다. 연병장에 그렇게 많이 고였던 물이 난데없이 바람이 불면서 햇볕이 비취는 가운데 뭉게구름만 떠 있고 물이 마르는 것을 장병들과 집례 목사님들과 장로님들께서 이렇게 맑은 날은 생전에 못 보았다고 하셨다.

그러나 세례식이 끝나고 구름이 몰려와서 우리가 올라오는데 비가 내렸다. 나중에 안 일이지만 전국에는 지방마다 도시마다 비가 왔는데 논산훈련소만 비가 안 온 것을 알았을 적에 하나님께서 진중세례식에 함께하심을 깨달았다. 하나님께서 세례받는 장병들을 사랑하셔서 나에게 그렇게 담력을 주신 것을 지금도 감사를 드린다.

논산훈련소에서 4,961명의 훈련병들에게 진중 세례를 베풀었다.
(사진은 설교하시는 피종진 목사님)

149

전국남전도회 서울지역 간담회 및 실행위

2002년 전도대회 등 각종 행사 준비 상황 점검

2001년 6월 26일 낮 12시 무역센타 52층 바이킹 부페에서 전국남전도회연합회(회장 김원래 장로) 제21회기 서울지역 회장단 간담회 및 실행위원회가 150여명의 회원들이 모인 가운데 개최되었다〈사진〉.

간담회에 앞서 부회장 박윤식 장로의 사회로 가진 예배에서 부회장 최수용 장로가 기도하였고, 김태삼 장로가 성경을 봉독했으며, 증경회장 서병연 장로가 「욕심이 잉태한 즉 죄를 낳는다」(약 1:14-15)라는 제목으로 강연하였다. 이어 부총무 박석환 장로의 광고와 증경회장 하태초 장로의 폐회 기도로 예배를 마쳤다.

이어 김원래 장로의 사회로 진행된 간담회에서 회장 김원래 장로는 인사말을 통해 "믿음의 형제를 보살피며 주안에서 믿음으로 행하여 세상의 본이 될 뿐만 아니라 그리스도의 사람으로서 사명에 충실해야 할 것"을 강조하였다. 그리고 이번 간담회에서는 전국남전도회 서울지역 지회들이 수행해야 할 사업들을 점검하고 독려하는 자리를 가졌다.

먼저 서울지역 전도대회 준비를 맡은 한준희 장로는 2002년 4월 중 진행할 전도대회에 대해 설명하고 전도대회를 위해 기도해줄 것을 부탁하였다. 그리고 서울지역 간담회를 준비한 박윤식 장로의 인사와 설명, 육군 훈련소 진중세례식을 준비한 최수용 장로의 설명, 경찰전도대회를 준비하는 이원재 장로의 설명, 교도소 전도대회를 준비하는 송희만 장로의 설명, 탈북자 돕기 행사 및 탈북 가정 선정과 관련하여 이재천 장로의 보고가 있었다.

한편 남전도회는 이번 6월 30일 사무실을 확장하고 새 집기류(최수용 장로 기증)와 복사기(송희만 장로 기증) 등을 마련하게 되었다고 한다.

전국남전도회는 총회내 가장 활발한 전도활동으로 '증인의 삶'을 앞서 행함으로 주께서 맡기신 사명을 잘 감당해내고 있다. ◇

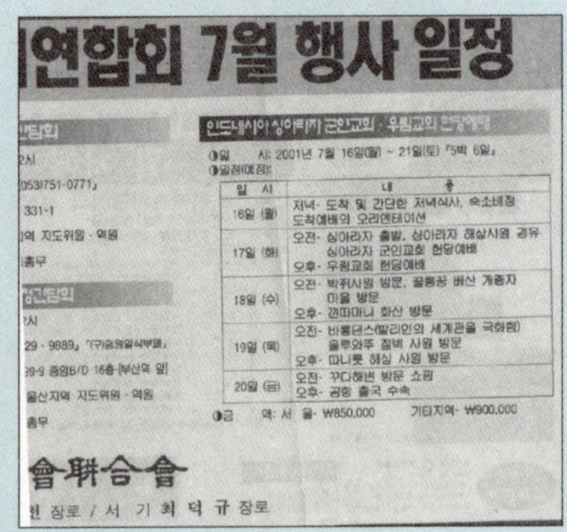

2000. 12. 13
자매부대 21사단 성탄 선물
증) 전국남전도회연합회

원
2005년 국가를 위한 기도회 및 전도훈련대회
일시 : 2005.1.18(화) ~ 20(목)　　장소 : 호텔강촌구립문화회관　　주최 : 대한예수교장로회 전국남전도회연합회

환
제41회 전국 교역자 하기 수양회　주제 : 쉼과 재충전 (막6:31)　영
◆ 기간 : 주후 2010년 6월 14일(월) ~ 17일(목)　◆ 장소 : 제주 한화리조트　◆ 주최 : 대한예수교장로회총회교육부

전국남전도회연합회 회장 김원래 장로(왼쪽)가 신임 국·차장과 특별·중앙위원들에게 선임장을 수여하고 있다.

"농어촌교회 지원 앞장"

9일 전국남전도회 실행위…사업계획 확정

전국남전도회연합회(회장·김원래 장로)는 6월 9일 유성 로얄호텔에서 제21회기 전국실행위원회를 열고 사업계획을 확정하는 한편 신임 국·차장과 특별·중앙위원, 협동총무에게 선임장을 수여했다.

이날 전국실행위원회에서는 미자립교회 보조와 지역전도대회 개최, 회지발간, 미조직노회 조직 지원에 적극 힘쓰기로 했으며 해외개척교회 지원과 외항선 선교지원, 군경목 지원사업, 그리고 농어촌 미자립교회 부흥회 후원에도 앞장서기로 했다.

또한 탈북자 지원과 북한교회 재건운동 및 총회 만교회운동에도 적극 동참하기로 했으며 총회 전도지도자 양성과정 활성화 방안을 임원회에 맡겨 연구하기로 했다.

회무처리에 앞서 명예회장 양원 장로 사회로 드린 예배에서는 증경회장 윤근창 장로가 설교했다.

전영근 기자 young@kidok.co.kr

전국남전도회가 설립한 태안남전교회가 6월 30일 헌당예배를 드렸다.

태안남전교회 설립

· 전국남전련 6월 30일

전국남전도회연합회(회장:김원래 장로)는 6월 30일 태안남전교회 설립 및 헌당예배를 드렸다. 전국남전도회연합회 임원들과 총회 전도부, 수원노회 관계자, 수원삼일교회 교인들이 참석한 가운데 드린 헌당예배는 창훈대교회 한명수 목사 설교, 수원노회 여전도회 연합 찬양대 찬양 등으로 진행됐으며 전국남전도회연합회 명예회장 양원 장로가 담임목사에게 성전열쇠를 전달했다.

경기도 화성시 태안읍 진안리에 3층으로 건립된 태안남전교회는 본당과 사택, 유아실, 기도실을 갖추고 있으며 지난 4월 20일 첫예배를 드렸다.

한편 전국남전도회연합회는 현재까지 20여곳의 교회를 개척했는데 남전교회란 이름으로 설립한 것은 태안남전교회가 처음이다.

전영근 기자

全國男傳聯會報

발행인 : 김원태 주 필 : 박대조 편집인 : 이세우

신 년 사

회 장 김원태 장로

논산 육군훈련소 진중세례식 거행
신앙인의 자질 갖춘 군사로 거듭태어나

집례목사 · 장로 600여명 참석 4,961명 장병 수세하다

백두OP 십자탑 점등식
"북녘땅 밝히는 통일염원의 빛"

군복음화 ARS 모금운동 펼쳐

전화 · 060-700-1021

전국남전도회연합회 홈페이지 개설
http://www.kme21.org

대한예수교 장로회 부성교회

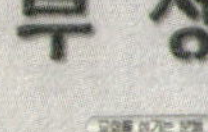

담임목사 박용호

본회 부회장 오흥근 장로

시무장로 : 오흥근 부 목 사 : 홍선용
세병진 교육전도사 : 조교현
신갑균 시무전도사 : 하은성
조동신 심방전도사 : 송외옥
임상철
협동장로 : 이귀석
무임장로 : 최정철

교회 (032)529-5112~3 FAX: 529-5113
인천광역시 부평구 부개2동 191-30
목양실 : 529-5124 목사관 : 507-2271 FAX: 507-2272 011-704-6801

본회활동상황

서광교회 성전건축 가공예배

가공현장으로 2천여명 절달

제주섬기는교회 설립감사예배

전국 임원회의

△ 서울지역 신년하례의 전 들을

2002 국가를 위한 기도회 및 전도훈련대회 개최키로

일시 : 2002년 1월 14일~16일
장소 : 못내오션캐슬 (안면도)

통영남전교회 헌당예배 드리다

인천국제공항 신도시에 개척교회 설립을 위한
중부지역 전도대회

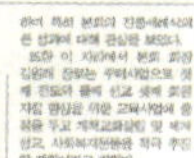

기독TV신년대담

서울지역 신년하례 및 임직원 중앙위원 연석회의

제2회 체육대회

우승 호남지역 차지, 준우승 중부지역, 3위 서울B지역 차지

"걷기도 하고 뛰기도 하며 하나님을 찬미"

춘천교도소 전도집회 갖다

해외선교

파라과이 기독기술고등학교 건축 보조

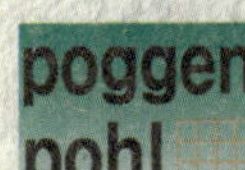

第二十一回
男傳道會誌
부르심을 받은 성도
전국남전도회연합회 제21회 정기총회
경
축
대한예수교
장로회
全國男傳道會聯合會

서울강남노회 사무실을 주시다

노회는 부회계와 회계로 2년 임원을 하면 연거푸 3년 임원을 못하도록 관행으로 지켜오고 있다. 그래서 1년을 쉬고 부노회장이 되어야 하는데, 노회내 모 장로님이 연거푸 부노회장을 하는 바람에 나는 부회계, 회계를 마치고 부노회장을 못하고 있다가 2회기 늦게 부노회장이 되었다. 우리 하나님 아버지께서 인도하셔서 드디어 장로 부노회장이 될 수 있었다. 그 때에도 하나님께서는 나 같은 죄인을 들어 써 주시는 이유가 있었다. 그 시절 서울강남노회는 고 임영 목사님 교회건물에서 노회 사무실을 사용하고 있었으나 더 이상 노회 사무실을 줄 수가 없게 되었다는 말씀을 들었다. 그래서 보증금 8,000만원을 가지고 노회가 이사를 할 수밖에 없게 되어 당장 사무실을 얻기로 결정하였고, 전 임원이 각자 다니면서 사무실을 얻기로 했다.

나는 여기저기 다니며 알아보다가 보니 우리 아파트 앞에 있는 상가건물이 3억에 분양 받은 것을 1억 7,000만원에 내놓은 것을 알게 되었다. 그래서 나는 1억 5,000만원에 팔라고 하니 어떻게 1억

5,000만원에 팔라고 하느냐는 푸념을 듣고 포기하고 있는데, 어느 날 1억 5,000만원에 팔겠다고 하는 소식을 듣게 되었다.

만약 노회 임원회를 열게 되면 늦어질 것 같아서 민형기 노회장 님께 사실대로 말씀드리고 계약을 권하니 "좋은데 돈이 문제라"고 해서 돈은 걱정 마시고 사무실이 싼 값에 나왔으니 어떻게 할까요 하니 장로님 좋은대로 하라고 하신다. 나는 하나님께 감사기도하고 1억 5,000만원에 계약을 하였다.

전지전능하신 우리 하나님 아버지께서 부족한 사람을 통해 서울 강남노회 사무실을 주신 것이다. 지나고 보니 모든 것을 주관하시는 하나님께서 부족한 나를 통하여 이루신 것에 진심으로 감사하다.

서울강남노회 사무실 입주

계약을 마치고 사무실에 와서 계약서를 민형기 노회장님께 드 렸더니 잘하였다 하시고 임원회를 열어 각 교회 찬조를 요청하기로 결의를 하였다. 노회장님과 임원님들께서 지교회에 요청하여 잔금 일 며칠 전에 계수하여 보니 노회돈 8,000만원과 각 교회에서 찬조 받은 돈 6,000만원 합하니 1억 4,000만원이었다. 우리 하나님 아버 지께서 서울강남노회를 사랑하여 주셔서 지교회에서 정성을 다하여 찬조해 주신 교회에 감사를 드렸다. 그런데 사무실 수리비 1,000만 원을 합하니 총 1억 6,000만원이 필요했다. 찬조받은 돈과 보증금 에서 수리비 1,000만원까지 합하니 2,000만원이 부족하였다. 나는 농협에 내 예금을 담보로 잡히고 2,000만원을 대출받기로 했다. 인수대금이 잔금과 수리비 총 1억 6,000만원이었다.

하나님께서 서울강남노회 사무실을 주셨다. 하나님께 감사한 것은 분양가 3억짜리를 반값에 사서 사무실을 이전할 수 있었음에 감사한다. 이 사무실이 이렇게 된 것은 정상적으로 부노회장이 되지 못하고 늦게 부노회장이 되게 하셔서 그때를 맞춰 주신 것이라 생각한다. 이것이 하나님께서 앞날을 아는 전지전능자이시기에 부족한 사람을 통하여 역사하셔서 서울강남노회 간판을 달게 하신 것이다. 노회에 출입을 할 때마다 모든 것을 주관하시는 하나님께서 이루어주신 것을 생각하고 감사를 드린다.

물론 내가 대출받은 2,000만원과 담보는 6년 동안 묵혀 있었지만 그동안 노회에서 절약하여 자금을 쓰면서 대출을 다 상환하였다.

모든 것이 아버지께서 하신다는 것을 다시 한번 깨닫게 하심을 생각하면 이루어질 수 없는 것들을 이루게 하시고 먼 훗날 지나온 세월을 생각하며 그때는 섭섭하여도 마침내 온전하게 하심을 깨닫게 해 주셨다. 깨달음을 주신 하나님께 감사한다.

대한예수교
장로회 서울강남노회
경 사무실 입주 감사예배 축
2002년 25일 전11

대한예수교 서울강남노회
경 사무실 입주 감사예배 축
2002년 11월 25일(월) 오전 노회사무실

청와대 신우회와 연예인 신우회

평소 알고 지내던 윤회장이 청와대 신우회가 있으니 같이 가보자고 했다. 그래서 신우회에 출입을 하게 되었는데, 청와대 신우회는 주대준 장로가 회장으로 섬기고 있었다. 그리고 연예인 신우회는 정영숙 권사가 회장으로 섬기고 있었다. 신우회는 매주 저녁 한 시간씩 예배를 드렸고, 참석인원은 100여 명에 이르렀다. 청송감호소에 위문을 가자는 제안이 있어 청와대 신우회와 연예인 신우회가 연합 하여 청송으로 가서 공연을 해주고 위문을 여러 번 했다.

하루는 위문을 갔는데, 감호소 소장이 보자고 했다. 소장 사무실에서 차를 마시는 동안 소장님이 "큰일 났습니다." 하여 무슨 일이냐고 묻자, 여기서 3~40년 동안 복역하던 분들이 출소하면 갈 곳이 없다고 하는 내용이었다. 그래서 우리는 출소하면 집으로 가면 되지 않느냐고 했더니 집에서 식구들이 받아주지를 않는다고 했다. 그래서 우리가 협의 끝에 정릉에 집을 한 채 얻어 거처를 마련하자고 의견을 모았다. 그래서 정릉에 거처를 마련하게 되었다. 그런데 그곳도 잠시 후에 가득 차게 되어 강원도 횡성에 하우스를 만들어

이주시켰다. 이때 안일권 목사님께서 이 일을 맡아주셨다. 안일권 목사님은 ROTC 장교로 군목사역을 하다가 전역하고 무역회사를 하다가 실명이 되어 세계십자가선교회에 와서 섬기고 계셨다.

안일권 목사님은 마약중독자와 알콜중독자들을 잘 고치는 은사가 있었다. 그 시절 소문을 듣고 삼성전자 부장이 폐인이 되다시피 하던 분이 완전히 치유되고 복직하는 역사가 일어났다. 그래서 그분은 고마움에 이천에 땅 3,000평을 희사하여 건물을 짓고 청송감호소 출소자들을 관리하는 센터로 활용되고 있다. 지금도 약 120명 정도의 출소자들이 생활하는 근거지로 활용되는 역사가 이루어졌다. 이는 하나님의 뜻이 성취된 것이다. 계속해서 안목사님이 십자가 선교회를 운영하고 윤회장님은 운영비 일체를 매월 헌금하는 헌신을 하고 계시다. 이 모든 일들은 안일권 목사님과 윤병옥 회장님께서 생명의교회 세계십자가 선교회를 끔찍이 생각하며 온 정성을 다하셔서 간구와 기도로 이루신 것이다. 그 생명들을 위해서는 몸을 돌보지 않고 일하셨으며 사람들이 생각지 못하는 능력과 지혜로 오직 우리 하나님께만 의지하셨다.

김주옥 권사는 병원에서 다들. 죽는다 하였는데 건강을 찾아서 청송감호소에 같이 위문도 다녔다. 하나님 아버지께서 우리 가정에 복을 주시고 항상 보살펴주셔서 자녀들까지 복을 주신 하나님께 감사와 영광을 드린다. 저에게 은혜를 주시고 복에 복을 주신 하나님께 무한한 영광과 찬미를 올려드린다.

주대준 장로님

　주대준 장로님이 청화대 신우회 회장을 하시면서 큰일을 하셨다. 주대준 차장님은 참으로 신앙이 좋고 진실한 분이셨다. 김영삼 대통령께서 군대를 길들인다고 하나회를 없애라는 하명을 내리시며 높은 분들과 주대준 장로 3인에게 하명하시고 모 부대원들을 전역시켜 군 기강을 바로 세우는 일에 적극적으로 임하라는 명령을 내리셨다. 그런데 비서실장과 경호실장께서 대통령께 하나회는 시간을 두고 하시지요 하니 대통령께서는 "무엇이 문제인데?" 하시면서 "어렵더라도 시행하라!"고 하셨단다.

　며칠 후 주대준 장로님이 내게 오셨길래 내가 "군부대 그 회는 내가 알기로는 육사 동기들 몇이 모인 친목회인데 친목회까지 전역을 시키면 됩니까?" 말을 하였더니, 그 부대 친목회에 누가 있냐고 물으시기에 그 회 회장이 우리 친척이라고 하니 그러냐고 하면서 경호실장을 뵙고 오겠다고 하며 나갔는데 한참 있다 와서는 높은 분들께서 "김영삼 대통령은 고집이 하도 세서 한 번 명을 내리시면 바꿀 수가 없다" 하여 나보다 높은 분들께 사정하다가 비서실장께 말씀드렸더니 더 안 된다고 꾸지람만 듣고서 맥이 빠져서 왔다고 하자 "신우회 회장님, 우리는 하나님 빽이 있지 않습니까? 회장님께서 직접 대통령을 만나셔서 말씀하세요." 하였더니 입을 짭짭 다시면서 나한테 하는 말이 "내가 어떻게 직접 말씀을 못드리지요" 하면서 혀를 찼다, "우리는 대통령보다 더 높으신 하나님이 계신데 왜 걱정을 하십니까? 하나님께서 역사하십니다." 하고 "회장님" 하면서 따라가서 내가 두 손을 꼭 잡고 의자에서 끌어내려 둘이 무릎을 꿇고 한참 기도하니 힘을 얻어서 "큰 형님 형님이 시키는 대로 다녀올 터이니 여기서 기도하세요." 하길래 "대통령 하지 말고 장로님 하세요." 하니 "형님이 시키는 대로 하겠습니다." 하고 힘 있게 "다녀온다" 하며 나갔다. 나는 확신이 와서 사무실에서 간절히 기도하고 있는데 주대준 차장이 와서는 "장로님 기다려 봅시다. 대통령께서 알아보고 말씀하여 주시겠다고 하였으니 확실이 좋은 소식을 주실 것을 내 마음에 확신이 오니 기다려 보세요." 하여서 집으로 돌아왔다. 얼마 있다가 전화가 와서 "좋은 소식이니 들어 오세요." 하여서 택시를 타고 들어가니 하는 말이 "믿음이 좋으신 형님" 하면서 "이제부터 맏형이라 부르겠다."고 하며 "형님 오늘 대통령께서 들어오라 하여 갔더니 그 회기 동기들이 알력이 심하다는 보고를 받고 회장과 총무를 전역시키라고 하였는데 일전에 신우회 회장이 와서 보고한 것이 생각이 나서 비서실장한테 일전에 말한 그 부대 친목회는 전역에서 없던 것으로 하라 하셨습니다. 그래서 기분이 좋아서 형님을 오시라고 한겁니다."하고 말했다.

주대준 장로는 우리 교회에 와서도 진용훈 목사님과 같이 있는데서 나를 "자기의 맏형 같은 분이시고 믿음이 좋은 분이라"고 해서 무척 민망했던 적도 있었다. 만나면 "맏형, 말씀 낮추세요" 하였지만 그 회기를 살린 큰일을 하신 분이라 끝까지 존대해 드렸다. 그 때에 그 회기 임원들이 전역을 하였으면 나라에 충성을 다할 수 없

없을 것이다. 그러므로 대한민국을 지켜주신 여호와 하나님께 감사
를 드린다. 주대준 장로님이 청와대 신우회 회장을 하면서 너무너
무 큰일을 하셨다.

안국교외 8.15대성외 대표자 대통령 초청 청와대 방문기념

경재번영 및 세계평화
Economic Prosperity and World Peace
서울 힐튼 호텔컨벤션센터
2005년
기도외   한민국국가조   회

위 촉 패

(주)원영산업
대표이사 김원래

貴下를 청와대기독선교회 후원
위원으로 위촉합니다.

2007년 8월 28일

청와대기독선교회원 일동
청와대기독선교회
회장 주 대 준 장로

위 촉 장

김 원 래

민주평화통일자문회의
자문위원에 위촉함

2011년 7월 1일

대통령 이 명 박

세상사람은 믿지 말라

　　이 글은 나하고 친한 어느 교회 장로가 겪은 일인데 세상을 살아가는 동안 누구나 당할 수 있는 일이고 꼭 새겨두어야 할 사연이라 소개한다.

　　그 장로는 한 교회를 같이 다니면서 안수집사도 같이 되고 장로도 1차 투표에서 몇 표 더 얻어서 선임이고 나이도 더 많은 장로였다. 그는 형제같이 지내고 배우자도 자신의 부인보다 선임 권사로서 한 가족 형제같이 친한 사이였다.

　　그가 마침 집을 지을 땅을 구입하려고 다니던 중 한 부동산에서 말하는 땅이 맘에 들어 더 알아보기로 했는데, 그 부동산에서 얼마에 사줄 터이니 계약을 하라고 하는데도 부동산업을 하는 같은 교회 장로님이 생각나서 계약을 안 하고 그냥 왔다고 한다. 그래서 "거기서 계약하라는 것을 더 알아보고 하겠다고 왔으니 그 값에 사 달라."고 하니 사주겠다고 하고 그가 다녀오더니 "그 값에는 안 되고 500만원 더 주어야 팔겠다 하니 어떻게 하겠느냐?" 하기에 "거기서 그 값에 계약을 하자는 것을 장로님 생각이 나서 왔는데 500만원이 더 올라갔으니 다시 가서 한 번 더 말하여 보라”고 해도 “안 된다”고 해서 할 수 없이 500만원을 더 주고 샀던 일도 있었다고 한다.

구입한 후에 거기다가 5층 건물을 지어서 사용하게 되었고 옆 부동산에서 팔라 하여 팔고 좋은 땅이 있어서 다른 부동산에서 계약을 하려다가 그래도 우리 장로님께 가야지 했다. 그 땅을 사줘서 그 곳에 7층 건물을 지어서 지내게 되었는데 몇 년이 지나서 그 장로가 “이 건물을 얼마에 팔아 줄 터이니 5,000만원을 복비로 주겠느냐?” 하여 허락하고 집을 팔아주어서 5,000만원을 복비로 준 적도 있었다고 한다.

어느 날 또 그 장로가 “어느 건물이 28억에 나왔는데 가보자” 하여서 같이 가보니 보기에 너무 좋았다. 3층 건물인데 아래 가게가 10개이고 보기에 좋아서 마음에 결정을 하게 되었다고 했다. “여기 부동산에 가서 가격이 얼마에 나왔는가 물어보자”고 하였더니 “내가 아는데 물어 볼 필요가 있겠느냐? 잘못 물어보다 못 사는 경우가 있다. 28억을 부른 건물인데 내가 깎아서 23억에 사줄 터이니 5,000만원을 복비로 주겠느냐?” 하여서 “그렇게 하겠다.” 하고 들어 오면서 내일 계약을 하자 하여 23억에 다음 날 계약을 하였다고 했다. 그 건물에 대출이 3억 8,000만원이 있었고 거기에 대출 3억 8,000만원을 안고 사는 것으로 하고 잔금을 치르는데 등기 이전하게 인감도장과 주민등록증을 달라 하여 의심없이 주었다고 했다. 그것은 5억이라는 큰 돈을 건물값에서 깎아서 사준 고마운 마음이라 그때 그 기분은 이루 말 할 수 없이 좋았던 날이었기 때문이란다. 그래서 따져보지도 않고 말하는 대로 다 했다는 것이다. 등기이전과 담보로 있는 3억 8,000만원은 내 돈으로 갚으라고 하여서

갚기까지 하였다는 것이다. 그리고 3억 8,000만원은 나중에 알고
보니 내 통장에서 대출을 받았다는 것이다. 등기까지 다 넘겼으니
약속한 대로 5,000만원을 복비를 달라 하여 주었다는 것이다. 장로
의 말이니 따져 보지도 아니하고 믿고 지내게 되었던 것이다.

그러던 어느 날 그가 가게세를 받으러 몇 달을 지내면서 옆집
건물 주인을 자연스럽게 만나게 되었다고 한다. 그래서 인사를 나
누고 대화를 하는데 그 사람이 "이 집은 내가 아는 부동산에서 이
건물이 나왔으니 살 사람을 말해 달라 하는 말을 들은지 얼마 안 되
어서 집이 팔렸다는 소식를 들었다"며 "이 건물이 23억에 나온 건물
인데 얼마나 깎아서 사셨느냐?" 하는 말을 듣게 되었단다. 그는 적
잖게 놀라 "아니에요 못깎았다"고 하였다고 한다.

"23억에서 더 깎아서 사도 되었는데 왜 부동산에 물어보고 사지
않으셨어요?" 하더란다. 그제서야 28억 건물을 23억에 사준다고 속
이고 또 대출을 내가 안고 사는 것으로 하였으니 8억 1,000만원을
그가 사기당했구나 하는 것을 알게 된 것이다.

분기탱천한 그는 그 장로를 만나 따졌다고 한다. "담보로 되어
있는 3억 8,000만원은 내 돈으로 갚으라 하여 갚았고, 은행에서 내
앞으로 3억 8,000만원 대출을 받았으며, 잔금계산서에 대출금 3억
8,000만원은 내가 안고 사지 않았느냐? 어떻게 이런 일을 벌였느
냐?" 하고 말했다고 한다. 그랬더니 그가 "건물 사는 사람이 잘 따
져보아야지 이제 와서 그 말을 하면 어떻게 하느냐"고 하더란다. 그
래서 그는 "장로님만 믿고 인감도장 달라면 주고, 주민등록증 달라
면 주었으며 부동산에 가서 얼마에 나왔는지 물어보자고 해도 물어

보지 말자고 한 것이 나를 속이려고 한 것이 아니냐 어찌 그럴 수가 있느냐? 옆집 건물 주인이 그 건물 23억에 나온 건물인데 얼마나 깎아서 샀느냐? 하여서 하나도 못 깎고 23억에 샀다 하였더니 더 깎을 수가 있었는데 하더라. 어떻게 된 것이냐" 물으니 "내가 잘못한 것도 없고 잘못된 것도 없으니 안심하라" 고 말하더라는 것이다. 그래서 그가 "복비에 눈이 어두워 나를 이렇게 배신하느냐" 하였더니 "지나간 것 가지고 말하지 말자"고 하며 그 후로는 아무 말을 하지 않았다고 한다.

얼마나 속이 상하고 배신감에 속이 상하는지 속을 끓이고 있는데, 이 사실을 알게 된 지인들이 고소하자며 집에 와서 밤을 새우면서 기도하다가 새벽에 교회 가서 한없는 배신감에 목사님하고 상의하여 결정하기로 마음 먹었다고 한다. 누구라도 그랬으리라.

하지만 눈물만 흘리면서 우리 아버지 하나님께 아뢰며 간절히 기도하였지만 위로가 되지 않았단다.

그러던 하루는 기도하는 중에 목사님께 말씀드리면 목사님께서 고소를 하라고 하실까? 하지 말라고 하실까? 고민이 되기 시작 했단다. 그래서 수십 번 기도를 했더니 마침내 '목사님과 상의하면 목사님 마음만 상하게 되는 것이니 차라리 목사님께 말씀드리지 말자!'고 생각하고 다시 하나님께 기도하여 보니 '목사님과 상의하지 말라. 한 피 받은 한 형제 장로이지 않은가? 또한 그 장로가 말한대로 건물 사는 사람이 잘 챙겨야지라고 한 그 말이 생각나서 분란을 만들지 말자'는 응답이 왔다는 것이다. '그가 언젠가 깨달아서 회개하여 또 다른 사람들과 남을 속이고 잘못하는 일이 없도록 그를 도와주세요. 이제는 모든 것을 잊어버리고 살게 해주세요.'하고 기도했다고 한다.

돌이켜보면 밤을 새워가며 한 푼 한 푼 모은 재산이 없어짐을 생각하면 내 피와 같은 돈으로 아깝고 배신감도 들고, 나를 돕는 친구들의 권면처럼 법적 고발을 하자는 말을 뒤로 하고 고소하지 아니한 것과 목사님께 의논하지 않은 것도 참으로 다행한 일이었다고 지금 생각하면 교회를 위하여 잘된 일로 결론지어졌다고 했다.

나를 살피시는 하나님께서 내 마음을 감찰하신 것이다. 기도원에 들어가서도 돈이 아니고 오히려 교회와 가정을 위해서 종일 기도하고 집에 와서는 내색도 아니하고 살아왔다는 것이다. 사실 아내와 자녀들에게는 뜻하지 않게 거짓말을 한 셈이 된 것에 오히려 용서를 비는 마음이라고 한다.

'8억 1,000만원보다 우리 교회와 하나님께 위로를 받자'고 기도하였더니 마음속에 잘 참았다는 생각이 들었다는 것이다. 고소를 하였으면 교회에 분란이 났을텐데 그렇게 되지 않도록 인도하신하나님께 감사드리며 영광을 올려 드린다고 간증하는 그 장로님이 대견했다.

내가 책을 쓰면서 이런 이야기를 하는 것은 교회에 덕이 안 되고 하나님께 영광을 가리우는 일이라면 내가 죽어도 하지 말자는 것을 깨달았기 때문이다.

우리는 세상에 사는 동안 주의 것이니 바울 사도같이 나의 육체는 오직 그리스도의 것으로 생각하고 내가 육체 가운데 사는 것은 나

를 위하여 자기 자신을 버리신 하나님의 아들을 믿는 믿음 안에서 사
는 것이라 하였으니 이 글을 읽는 분들도 믿음으로 살아가자.

　　나의 생각에 만에 하나 혹시 이러한 일을 당하신 분이 계시더라
도 돈만을 생각하지 말고, 기도하면서 내 생각대로 하지 말고 나의
뜻은 버리고 오직 예수님만 생각하고, 또 여쭤 보고 또 생각하여 하
나님 아버지께 영광을 가리는 죄를 범하지 않기를 바란다.
　　인간은 아무리 가까워도 배신하는 피조물이니 절대로 믿지 말
고 오직 주님만을 의지하자.
　　그 시절 은행 담보 3억 8,000만원을 갚고 또 3억 8,000만원을
안고 복비로 5,000만원을 주었으니 8억 1,000만원이다. 이 돈이면
누구에게든 엄청나게 큰 돈이다. 누구든지 이런 일을 당하면 담임
목사님께 상의하게 될 것이다. 하지만 목사님께 신경 쓰게 하는 일
이면 안 하시는 것이 좋다는 것이 나의 생각이다.
　　또 신분증과 인감도장은 맡기는 것이 아니다. 다시 말하지만 사
람은 절대로 믿지 말라는 것이 이야기의 결론이다. 오직 주 예수 그
리스도만을 의지하고 신앙인의 도를 따를 뿐이다.

제37회기 서울지구장로회 회장이 되다

2006년 11월 7일 성림교회당에서 서울지구장로회연합회 정기 총회를 열고 회장으로 선출되었다

37회기 구성은 다음과 같다.

회   장 김원래 장로
수 석 부 회 장 장광수 장로
총   무 맹금식 장로
서   기 박석환 장로
회 록 서 기 이태식 장로
회   계 염채화 장로
감   사 최공열 장로
해외선교위원장 조병선 장로
북한선교위원장 이종득 장로
사회복지위원장 김정남 장로

하나님께서는 지교회에서 충성 봉사하시는 장로님들을 실무임

원과 특별위원장과 임원과 역원들로 세워주셔서 한 회기를 같이 섬길 수 있었다. 실무임원회를 통하여 예산과 사업계획을 세워서 서울지구장로회가 하나님께 영광돌리며 사랑이 있는 단체이며, 회원님들의 친목과 화목이 있고 복음을 위하여 힘썼다.

회장이 되어서 서울지구장로회연합회를 살펴보니. 그동안 장로회를 섬기며 수고한 간사가 15년 동안 퇴직금을 못 받고 있어서 실무임원회에 여러 번 안건상정을 하였으나 번번이 무산되어 오랜 기도제목이었다. 나는 하나님께 새벽마다 간청하였다.

한 달에 한 번씩 실무임원회를 갖기 위하여 명동 퍼시픽호텔 지하 수영장과 서울에서 최고의 온천수인 욕탕에서 전체가 목욕을 하고 회의실에서 임원회를 하였다. 이 호텔은 회장님과 전무님이 오래전부터 친분이 있어서 자주 사용했다.

그동안 몇 번 부결된 퇴직금 안건을 낙산비치호텔 임원수련회에서 안건을 상정하기로 정했다. 내가 임원들에게 말씀을 드렸다. "이 안건은 이번 회기에 완결하겠으니 나에게 맡겨달라고 해서 허락을 얻었다. 서울에 와서 증경회장님들을 엠버서더호텔로 모셔서 임원회의 결과를 말씀드리고, 수련회에서 자금을 만들어 최간사 퇴직금을 줄 수 있게 해달라고 우리 하나님께 기도하며 열심히 노력한 끝에 수련회를 잘 마치고 하나님의 은혜로 15년 봉직한 최간사 퇴직금을 다 정리하고 앞으로는 1년에 한 번씩 꼭 퇴직금을 적립하기로 임원회에서 결의를 했다. 이제 퇴직금은 한 회기마다 지급한다고 하니 참으로 다행이다.

회기 초에 너무 어려운 일에 부딪처서 오로지 의지할 분은 하나님밖에 없어 새벽마다 하나님께 간구하니 서울지구장로회가 잘 운영되었다.

기도하며 한 달 한 달 지나는 동안 하나님께서 위로해 주셔서. 담대히 나가게 하시므로 제37회기 임원회도 기쁨으로 지내게 하시고 신년하례회를 2007년 1월 8일 퍼시픽호텔에서 증경희장님들과 임원들이 모여 잘 마쳤다.

2007년 2월 9일에는 익산 사랑의집에서 사회복지시설을 방문하여 나누고 섬기는 일에 나섰다. 2007년 3월 5~6일 수동기도원에서 임원세미나를 개최하였고, 해외선교는 터키, 그리스, 밧모섬으로 가기로 하여 행사를 위하여 많은 기도를 하고 떠났다. 밧모섬을 가려고 부두에 가니 가이드가 하는 말이 오늘은 바다가 파도가 심해서 절대로 갈 수가 없다는 것이다. 우리는 밧모섬을 가려고 얼마나 기도하며 바라던 곳인데 못가다니 무슨 말이냐 하면서 못간다는 그곳을 가다가 파도가 심해서 돌아오더라도 가자고 우겼다. 그래서 출발을 했는데 한참을 가니 그 엄청나던 파도가 갈수록 잔잔해지는 것이 아닌가? 이에 가이드가 하는 말이 "지금까지 이곳을 수도 없이 다녔지만 이렇게 물결이 잔잔한 날은 오늘이 처음이라"고 하였다. 지금도 생생하게 보인다.

요한이 기력이 없어서 누워서 기도한 자국이 바위가 움푹 파인 것을 목격한 우리는 저절로 감탄사를 발하였다. 그 동네 벽에는 흰

색의 페인트가 도색되어 있었는데, 지금도 생각하면 감격이 넘친
다. 여정을 마치고 무사히 서울에 도착하여 하나님께 감사와 영광
을 올려드렸다. 무엇이든지 하려고 노력하며 하나님께 맡기고 간청
하면 하나님께서 노력에 복을 주신다.

　　2007년 5월 17일에는 유일레저에서 체육대회를 열어 즐거운 하
루를 보냈다. 2007년 8월 27~28일 낙산비치호텔에서 임원수련회
를 하고 나니 큰 사업들을 다 마쳤다.
　　하나님께 간구한 최간사의 퇴직금이 해결되고 오히려 돈이 남아
서 사무실도 깨끗하게 수리도 하고 커튼까지 새 것으로 잘 달았다.
　　전지전능하신 우리 하나님 아버지께서 모든 것을 채워주셔서
넉넉히 사용하며, 사업을 마치게 하심을 감사드리며, 매순간 은혜
를 주심을 또한 감사드리며 하나님께 영광을 드렸다.

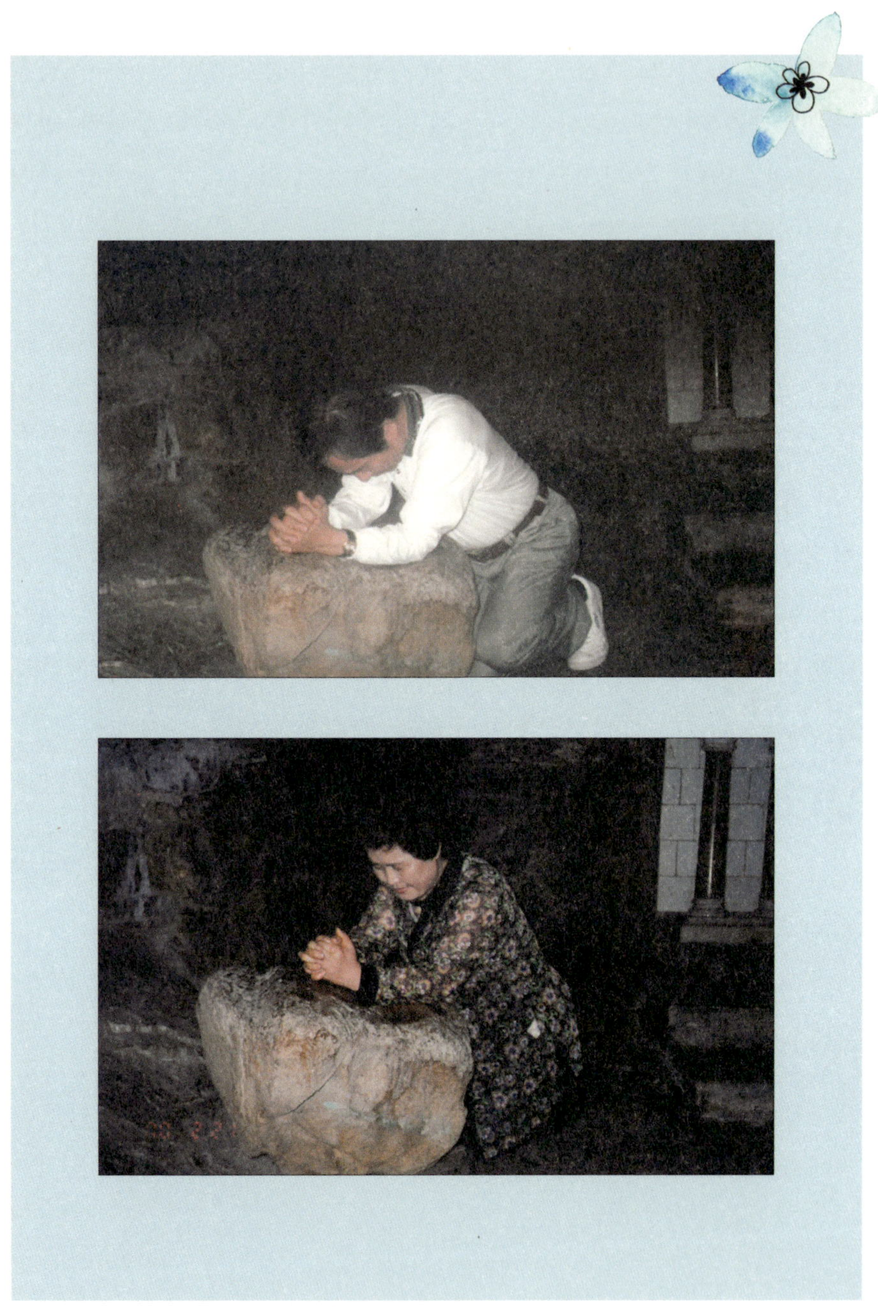

서울지구 장로회 제38회 정기총회
일시 : 11월8일(목)오후1시30분   장소 : 낙원교회

제37회기
서울지구장로회 회원수련
일시:2007년 8월 27일 (월)오후4시~28일(화) 오후1시   장소:낙산비

총회를 섬기다

대한예수교장로회(합동) 총회에 총대로 섬기면서 여느 총대처럼 성실하게 임했다. 총회에서 상비부장과 각급 특별위원회에서 맡겨진 직임을 최선을 다해 수행하였다. 많은 경우 하나님의 은혜로 잘 마무리하였으며, 좋은 성과와 멋진 결론을 도출해 낼 수 있었다.

감사부장

2002년에 열린 제87회 총회에서 헌명수 목사님을 총회장으로 모시고 감사부장을 역임했다.

특별히 관행처럼 여겨지던 뒷돈의 유혹을 물리치고 맑고 투명한 재정의 운용을 위해 죽을 힘을 다했다. 기관마다 좋은게 좋다는 식의 대응을 단호하게 뿌리치고 철저하게 감사했던 기록과 예들은 언급 하지 않지만 하나님께 헌금한 재정을 깨끗하게 사용하는 총회와 기관들이 되도록 힘썼다.

조직으로는 부장 김원래, 서기 박민철 장로, 회계 서덕수 장로,
위원으로 주상식, 봉강래, 박상기, 구자덕, 장철용, 이상집, 김진근,
신봉식, 한준회, 오임종, 정세갑, 전동태, 장명세, 박용봉, 류성고,
이종근, 류재양, 최낙현, 용성식, 이만성, 김핵락 장로가 선임되어
활동했다.

총회 선거관리위원

2004년 제89회 총회에서 서기행 목사님을 총회장으로 모시고 총회 선거관리위원을 역임했다.

총회 선거관리위원회는 많은 일꾼들이 세워지는 선거를 관리하는 기관으로 엄격히 관리되어야 하기에 매우 중요한 직책이 아닐 수 없다. 특별히 총회 임원과 기관장의 제비뽑기 제도 도입에 대한 연구가 활발하게 이루어져 그 결과를 총회에 보고했다.

기타 선거관리는 원만하고 공정하게 관리한 회기였다.

총회 사회부장

2005년 제90회 총회에서 황승기 총회장을 모시고 총회 사회부장을 역임했다. 총회 상비부장으로서 심혈을 기울여 총회를 위해 힘썼다.

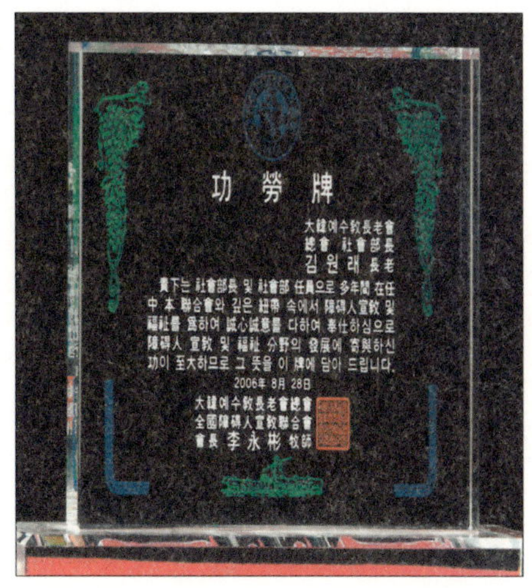

총회 순교자기념사업부장

2007년 제92회 총회에서 김용실 총회장을 모시고 총회 순교자 사업부장을 역임했다. 순교자의 피를 이어받아 신앙의 계대를 이어가는 대한민국 장자교단이 순교자를 기리고 교육하고 기념사업을 위해 심혈을 기울였다.

사업으로
1) 제19회 순교자 유족 초청예배
2) 용인 순교자기념관 순교자 존영 전시
3) 순교자 유족교회 순교정신 함양예배
4) 유족자녀 장학사업 및 개척교회 후원사업
5) 순교자 유족 수첩발간
6) 순교자 일대기 책자발간

총회 2만 교회 운동본부 총무

2007년 제92회 총회에서 김용실 총회장을 모시고 총회 2만 교회 운동본부 총무를 역임했다. 총회 소속교회가 12,000교회이기 때문에 20,000 교회를 목표로 기도하고 교회의 개척과 부흥을 위해 진력했다.

총회 유지재단 이사

2003년 제88회 총회부터 2010년 제95회 총회 시까지 8년간 총회 재단의 재산을 관리하고 정책을 심의하는 총회 유지재단 이사로 재임하였다.

2003년 제88회 총회(총회장 임태득 목사)

2004년 제89회 총회(총회장 서기행 목사)

2005년 제90회 총회(총회장 황승기 목사)

2006년 제91회 총회(총회장 장차남 목사)

2007년 제92회 총회(총회장 김용실 목사)

2008년 제93회 총회(총회장 최병남 목사)

2009년 제94회 총회(총회장 서정배 목사)

2010년 제95회 총회(총회장 김삼봉 목사)

대한예수교장로회총회

06177 서울특별시 강남구 영동대로 330

대표전화 : 02)559-5600 / 팩스 : 02)568-7456

THE GENERAL ASSEMBLY OF THE
PRESBYTERIAN CHURCH IN KOREA

330, YEONGDONG-DAERO, GANGNAM-GU
SEOUL, KOREA.

TEL+82-2-559-5600, FAX:+82-2-568-7456

제87회 총회 감사부장

문서번호	본부 제 C108-013125 호	2024년 7월 15일
성 명	김원래	
생년월일	1941년 03월 08일	
주 소	서울시 관악구 신림로 29길 현대 APT 103-803	
직 위	원로장로	
용 도	기관제출용	

위 사람은 본 총회 산하 서울강남 노회 소속 성림교회 원로장로로 아래와 같은 경력이 있음을 증명함.

- 아 래 -

2002년 제87회 총회 감사부장 김원래 장로

※ 본 증명서는 위 용도 이외의 다른 용도로는 사용할 수 없습니다.

대 한 예 수 교 장 로 회 총 회

총 회 장   오 정 호

17. 감사부 보고

제87회기 감사부 사업 경과를 다음과 같이 보고합니다.

보고인 : 부　장 김원래
　　　　　서　기 박민철

1. 조직
　부　장 : 김원래
　서　기 : 박민철　　　회　계 : 서덕수
　위　원 : 주상식 봉강래 박상기 구자덕 장철용 이상집 김진근 신봉식 한준회
　　　　　오임종 정세갑 전동태 장명세 박용봉 류성고 이종근 류재양 최낙현
　　　　　용성식 이만성 김행락

2. 회의
　1) 제1차 회의
　　일　　시 : 2003년 1월 17일 12:00
　　장　　소 : 총회 회의실
　　결의사항
　　　① 2003년 2월 24일(월)~2월 26일(수) 3일간 중간감사하기로 하다.
　　　② 감사부원에게 사전에 문서통보하되 아래자료를 배송하기로 하다.
　　　　ㄱ) 감사배정표
　　　　ㄴ) 정기감사보고서
　　　　ㄷ) 감사규정
　　　　ㄹ) 회계감사의 방법과 절차
　　　　　※ 감사배정표 해당 감사자는 동봉한 자료를 면밀히 숙지하고 철
　　　　　　저히 대비하시기를 바람(사전 예비교육 없음)
　　　③ 감사에 임하는 각 상비부는 부장이 배석감사에 임할 것을 가결하다.

　2) 제2차 회의 (은급재단 연장감사를 위한 감사부 9인위원회)
　　일　　시 : 2003년 2월 26일 16:30
　　장　　소 : 총회 회의실
　　결의사항
　　　① 은급재단 연장감사 위원을 부장 자백으로 아래와 같이 선정하다.
　　　　- 김원래, 박민철, 서덕수, 류성고, 한준회, 용성식, 전동태, 최낙현, 정세갑

대한예수교장로회총회

06177 서울특별시 강남구 영동대로 330

대표전화 : 02)559-5600 / 팩스 : 02)568-7456

THE GENERAL ASSEMBLY OF THE PRESBYTERIAN CHURCH IN KOREA

330, YEONGDONG-DAERO, GANGNAM-GU SEOUL, KOREA.

TEL+82-2-559-5600, FAX:+82-2-568-7456

제90회 총회 사회부장

문서번호	본부 제 C108-013126 호	2024년 7월 15일
성 명	김원래	
생년월일	1941년 03월 08일	
주 소	서울시 관악구 신림로 29길 현대 APT 103-803	
직 위	원로장로	
용 도	기관제출용	

　　위 사람은 본 총회 산하 서울강남 노회 소속 성림교회 원로장로로 아래와 같은 경력이 있음을 증명함.

- 아 래 -

2005년 제90회 총회 사회부장 김원래 장로

※ 본 증명서는 위 용도 이외의 다른 용도로는 사용할 수 없습니다.

대 한 예 수 교 장 로 회 총 회

총 회 장 　 오 　 정 　 호

21. 사회부 보고

제90회기 사회부 사업경과를 다음과 같이 보고합니다.

보고인 : 부 장 김원래
서 기 김주락

1. 조 직

1) 임 원

부장 : 김원래 장로   서기 : 김주락 장로   회계 : 김수현 장로

2) 실행위원

김동권, 하태초, 신의현, 최병덕, 이치우, 김인태, 최공열, 정동만, 장인섭, 오광석
라도재, 최영식, 고석진, 구자균, 박영길, 라상기

3) 부 원

김영달, 임헌록, 조대형, 이만조, 이상빈, 홍규식, 전기호, 김동기, 신문종, 송선휴
고광래, 최중열, 조성모, 김원삼, 김채화, 허남국, 이상배, 구자성, 김정환, 강민수
공학섭, 조상환, 김영대, 이병택, 이금수, 남충정, 김치규, 박기환, 김상익, 김봉빈
강갑섭, 김도식, 심상달, 유도조, 이희중, 박남규

2. 회 의

1) 전체회의

일   시 : 2005. 9. 28. 11:00
장   소 : 대전중앙교회 교육관
결의사항

① 아래와 같이 임원을 선출하다.
　　부장 - 김원래 장로
　　서기 - 김주락 장로
　　회계 - 김수현 장로
② 잔무는 임원회에 일임하기로 하다.

대한예수교장로회총회

06177 서울특별시 강남구 영동대로 330
대표전화 : 02)559-5600 / 팩스 : 02)568-7456

THE GENERAL ASSEMBLY OF THE
PRESBYTERIAN CHURCH IN KOREA
330, YEONGDONG-DAERO, GANGNAM-GU
SEOUL, KOREA.
TEL+82-2-559-5600, FAX:+82-2-568-7456

92회 총회 순교자기념사업부장

문서번호	본부 제 C108-013127 호	2024년 7월 15일
성 명	김원래	
생년월일	1941년 03월 08일	
주 소	서울시 관악구 신림로 29길 현대 APT 103-803	
직 위	원로장로	
용 도	기관제출용	

  위 사람은 본 총회 산하 서울강남 노회 소속 성림교회 원로장로
로 아래와 같은 경력이 있음을 증명함.

- 아 래 -

2007년 제92회 총회 순교자기념사업부장 김원래 장로

° 본 증명서는 위 용도 이외의 다른 용도로는 사용할 수 없습니다.

대 한 예 수 교 장 로 회 총 회

총 회 장   오 정 호

19. 순교자기념사업부 보고

제92회기 순교자기념사업부 사업경과를 다음과 같이 보고합니다.

보고인 : 부　장　김원래
서　기　안홍화

1. 조　직

1) 임　원

　　•부　장 : 김원래　•서　기 : 안홍화　•회　계 : 김희근

2) 실행위원

김상현　박기석　이태환　장종섭　배덕현　김승광　임건호　황남길　임치현
최병덕　강병호　임정순　진종섭　서영수　최　황　황은호

3) 부　원

김원선　황영조　정인철　문윤길　김도식　임채두　박창오　김행락　김대현
이성옥　최석환　김재범　박찬석　홍양선　서원석　한성운　황원태　박종복
이상봉　진창근　김수갑　박대영　이길생　최병실　박찬중　이종관　문재논
박충웅　유병열　조성일　김영훈　정태광　서기호　최인학　박완기　양영석
강세희　김창윤　류천호　류기선　박광선　이재현　조남국　우상원　허일광
정승복　정병갑　송회선　홍정표　박정욱　김영욱

2. 회　의

1) 전체회의

　❖일　시 : 2007. 9. 12.
　❖장　소 : 연정교회
　❖결의사항
　　① 임원을 아래와 같이 조직하다.
　　　•부　장 : 김원래 장로　•서　기 : 안홍화 목사　•회　계 : 김희근 장로

대한예수교장로회총회
06177 서울특별시 강남구 영동대로 330
대표전화 : 02)559-5600 / 팩스 : 02)568-7456

THE GENERAL ASSEMBLY OF THE
PRESBYTERIAN CHURCH IN KOREA
330, YEONGDONG-DAERO, GANGNAM-GU
SEOUL, KOREA.
TEL+82-2-559-5600, FAX:+82-2-568-7456

제 89회 총회 선거관리위원

문서번호	본부 제 C108-013131 호	2024년 7월 15일
성 명	김원래	
생년월일	1941년 03월 08일	
주 소	서울시 관악구 신림로 29길 현대 APT 103-803	
직 위	원로장로	
용 도	기관제출용	

위 사람은 본 총회 산하 서울강남 노회 소속 성림교회 원로장로로 아래와 같은 경력이 있음을 증명함.

- 아 래 -

2004년 제89회 총회 선거관리위원 김원래 장로

˚ 본 증명서는 위 용도 이외의 다른 용도로는 사용할 수 없습니다.

대 한 예 수 교 장 로 회 총 회

총 회 장   오 정 호

2. 선거관리위원회 보고

제89회기 선거관리위원회 사업경과를 다음과 같이 보고합니다.

보고인 : 위원장 김동권
서 기 김용길

1. 조 직

위원장 : 김동권   부위원장 : 박정하
서 기 : 김용길   회록서기 : 이남웅
회 계 : 장상만
위 원 : 고제동 김백경 양근실 최부영 박신범 남상훈 신상봉 이재천
김원래 장광수

2. 회 의

1) 제1차 회의(전체회의)
일   시 : 2004년 10월 21일 14:00
장   소 : 총회 회의실
결의사항
① 임원 및 분과위원을 아래와 같이 조직하다.

<임원>
- 위 원 장 : 김동권 목사   - 부위원장 : 하태초 장로
- 서   기 : 김용길 목사   - 회록서기 : 이남웅 목사
- 회   계 : 장상만 장로
<분과>
- 심 의 분 과 위원장 : 고제동 목사
위 원 : 김용길 목사, 최부영 목사, 남상훈 장로
- 관 리 분 과 위원장 : 김백경 목사
위 원 : 박신범 목사, 하태초 장로.(김상권장로 代 영남지역장로-1명보선)
- 홍 보 분 과 위원장 : 박정하 장로
위 원 : 이남웅 목사, 이재천 장로
- 계산통계분과 위원장 : 양근실 목사

대한예수교장로회총회
06177 서울특별시 강남구 영동대로 330
대표전화 : 02)559-5600 / 팩스 : 02)568-7456

THE GENERAL ASSEMBLY OF THE PRESBYTERIAN CHURCH IN KOREA
330, YEONGDONG-DAERO, GANGNAM-GU
SEOUL, KOREA.
TEL+82-2-559-5600, FAX:+82-2-568-7456

제91회 총회 이만교회운동본부 총무

문서번호	본부 제 C108-013130 호	2024년 7월 15일
성 명	김원래	
생년월일	1941년 03월 08일	
주 소	서울시 관악구 신림로 29길 현대 APT 103-803	
직 위	원로장로	
용 도	기관제출용	

위 사람은 본 총회 산하 서울강남 노회 소속 성림교회 원로장로로 아래와 같은 경력이 있음을 증명함.

- 아 래 -

2006년 제91회 총회 이만교회운동본부 총무 김원래 장로

◦ 본 증명서는 위 용도 이외의 다른 용도로는 사용할 수 없습니다.

대 한 예 수 교 장 로 회 총 회

총 회 장   오 정 호

이만교회 운동본부

1. 조 직

고　　문 : 김창인　박요한　한석지　최 훈　박명수　김길현　이성헌　김성택
　　　　　유인식　이삼성　최기채　김덕신　김준규　신세원　길자연　김도빈
　　　　　김동권　예종탁　한명수　임태득　서기행　황승기　홍정의　김정중
　　　　　변남주　김일남　박갑용(목사)　　　우성기　이춘근　송민섭　권영식
　　　　　심판구　김중철　정동원　서국철　홍 광　이 신　심갑진　류제양
　　　　　박홍석　김상술(장로)

총 회 장 : 장차남 목사
명예본부장 : 고제동 목사
본 부 장 : 이남웅 목사
부본부장 : 김응선 목사　하태초 장로　남태섭목사(전도부장 당연직)
총　　무 : 이정춘 목사　김원래 장로
부 총 무 : 김희태 목사　정순기 목사　전주남 목사　김동청 목사　권주식 목사
　　　　　민찬기 목사　박금서 목사　김순열 목사　한기승 목사　윤두태 목사
　　　　　안승주 목사　김종태 목사　채규현 목사　이영신 목사　박양진 장로
　　　　　최수용 장로　이광희 장로　권정식 장로　김권중 장로
서　　기 : 김유문 목사
부 서 기 : 김동안 목사
회의록서기 : 이훈용 목사
부회의록서기 : 김세현 목사
회　　계 : 이재천 장로
부 회 계 : 신수희 장로

대한예수교장로회총회

06177 서울특별시 강남구 영동대로 330
대표전화 : 02)559-5600 / 팩스 : 02)568-7456

THE GENERAL ASSEMBLY OF THE PRESBYTERIAN CHURCH IN KOREA
330, YEONGDONG-DAERO, GANGNAM-GU
SEOUL, KOREA.
TEL+82-2-559-5600, FAX:+82-2-568-7456

총 회 유 지 재 단 이 사

문서번호	본부 제 C108-013400 호	2024년 7월 23일
성　명	김원래	
생년월일	1941년 03월 08일	
주　소	서울시 관악구 신림로 29길 현대 APT 103-803	
직　위	원로장로	
용　도	기관제출용	

　　　위 사람은 본 총회 산하 서울강남 노회 소속 성림교회 원로장로
로 아래와 같은 경력이 있음을 증명함.

- 아 래 -

2003년 제88회 총회　총회장 임태득 목사 : 총회 유지재단 이사 / 김원래 장로

* 본 증명서는 위 용도 이외의 다른 용도로는 사용할 수 없습니다.

대 한 예 수 교 장 로 회 총 회

총 회 장　　오 정　호

대한예수교장로회총회

06177 서울특별시 강남구 영동대로 330

대표전화 : 02)559-5600 / 팩스 : 02)568-7456

THE GENERAL ASSEMBLY OF THE PRESBYTERIAN CHURCH IN KOREA

330, YEONGDONG-DAERO, GANGNAM-GU
SEOUL, KOREA.
TEL+82-2-559-5600, FAX:+82-2-568-7456

총 회 유 지 재 단 이 사

문서번호	본부 제 C108-013401 호	2024년 7월 23일
성 명	김원래	
생년월일	1941년 03월 08일	
주 소	서울시 관악구 신림로 29길 현대 APT 103-803	
직 위	원로장로	
용 도	기관제출용	

위 사람은 본 총회 산하 서울강남 노회 소속 성림교회 원로장로로 아래와 같은 경력이 있음을 증명함.

- 아 래 -

2004년 제89회 총회 총회장 서기행 목사 : 총회 유지재단 이사 / 김원래 장로

* 본 증명서는 위 용도 이외의 다른 용도로는 사용할 수 없습니다.

대 한 예 수 교 장 로 회 총 회

총 회 장   오 정 호

대한예수교장로회총회

06177 서울특별시 강남구 영동대로 330
대표전화 : 02)559-5600 / 팩스 : 02)568-7456

THE GENERAL ASSEMBLY OF THE
PRESBYTERIAN CHURCH IN KOREA

330, YEONGDONG-DAERO, GANGNAM-GU
SEOUL, KOREA.
TEL+82-2-559-5600, FAX:+82-2-568-7456

총 회 유 지 재 단 이 사

문서번호	본부 제 C108-013402 호	2024년 7월 23일
성 명	김원래	
생년월일	1941년 03월 08일	
주 소	서울시 관악구 신림로 29길 현대 APT 103-803	
직 위	원로장로	
용 도	기관제출용	

위 사람은 본 총회 산하 서울강남 노회 소속 성림교회 원로장로로 아래와 같은 경력이 있음을 증명함.

- 아 래 -

2005년 제90회 총회 총회장 황승기 목사 : 총회 유지재단 이사 / 김원래 장로

* 본 증명서는 위 용도 이외의 다른 용도로는 사용할 수 없습니다.

대 한 예 수 교 장 로 회 총 회

총 회 장   오 정 호

총 회 유 지 재 단 이 사

문서번호	본부 제 C108-013403 호	2024년 7월 23일
성 명	김원래	
생년월일	1941년 03월 08일	
주 소	서울시 관악구 신림로 29길 현대 APT 103-803	
직 위	원로장로	
용 도	기관제출용	

　위 사람은 본 총회 산하 서울강남 노회 소속 성림교회 원로장로
로 아래와 같은 경력이 있음을 증명함.

- 아 래 -

2006년 제91회 총회 총회장 장차남 목사 : 총회 유지재단 이사 / 김원래 장로

* 본 증명서는 위 용도 이외의 다른 용도로는 사용할 수 없습니다.

대 한 예 수 교 장 로 회 총 회

총 회 장　오 정 호

대한예수교장로회총회

06177 서울특별시 강남구 영동대로 330
대표전화 : 02)559-5600 / 팩스 : 02)568-7456

THE GENERAL ASSEMBLY OF THE
PRESBYTERIAN CHURCH IN KOREA
330, YEONGDONG-DAERO, GANGNAM-GU
SEOUL, KOREA.
TEL+82-2-559-5600, FAX:+82-2-568-7456

총 회 유 지 재 단 이 사

문서번호	본부 제 C108-013404 호	2024년 7월 23일
성 명	김원래	
생년월일	1941년 03월 08일	
주 소	서울시 관악구 신림로 29길 현대 APT 103-803	
직 위	원로장로	
용 도	기관제출용	

위 사람은 본 총회 산하 서울강남 노회 소속 성림교회 원로장로로 아래와 같은 경력이 있음을 증명함.

- 아 래 -

2007년 제92회 총회 총회장 김용실 목사 : 총회 유지재단 이사 / 김원래 장로

* 본 증명서는 위 용도 이외의 다른 용도로는 사용할 수 없습니다.

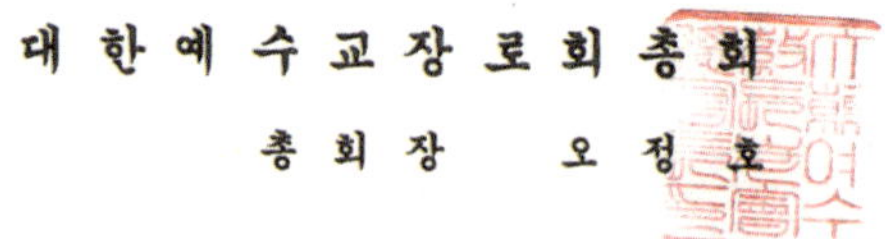

대한예수교장로회총회

06177 서울특별시 강남구 영동대로 330
대표전화 : 02)559-5600 / 팩스 : 02)568-7456

THE GENERAL ASSEMBLY OF THE PRESBYTERIAN CHURCH IN KOREA
330, YEONGDONG-DAERO, GANGNAM-GU
SEOUL, KOREA.
TEL+82-2-559-5600, FAX:+82-2-568-7456

총 회 유 지 재 단 이 사

문서번호	본부 제 C108-013405 호	2024년 7월 23일
성 명	김원래	
생년월일	1941년 03월 08일	
주 소	서울시 관악구 신림로 29길 현대 APT 103-803	
직 위	원로장로	
용 도	기관제출용	

위 사람은 본 총회 산하 서울강남 노회 소속 성림교회 원로장로로 아래와 같은 경력이 있음을 증명함.

- 아 래 -

2008년 제93회 총회 총회장 최병남 목사 : 총회 유지재단 이사 / 김원래 장로

* 본 증명서는 위 용도 이외의 다른 용도로는 사용할 수 없습니다.

대 한 예 수 교 장 로 회 총 회

총 회 장   오 정 호

대한예수교장로회총회

06177 서울특별시 강남구 영동대로 330
대표전화 : 02)559-5600 / 팩스 : 02)568-7456

THE GENERAL ASSEMBLY OF THE
PRESBYTERIAN CHURCH IN KOREA
330, YEONGDONG-DAERO, GANGNAM-GU
SEOUL, KOREA.
TEL+82-2-559-5600, FAX:+82-2-568-7456

총회유지재단이사

문서번호	본부 제 C108-013406 호	2024년 7월 23일
성 명	김원래	
생년월일	1941년 03월 08일	
주 소	서울시 관악구 신림로 29길 현대 APT 103-803	
직 위	원로장로	
용 도	기관제출용	

위 사람은 본 총회 산하 서울강남 노회 소속 성림교회 원로장로
로 아래와 같은 경력이 있음을 증명함.

- 아 래 -

2009년 제94회 총회 총회장 서정배 목사 : 총회 유지재단 이사 / 김원래 장로

* 본 증명서는 위 용도 이외의 다른 용도로는 사용할 수 없습니다.

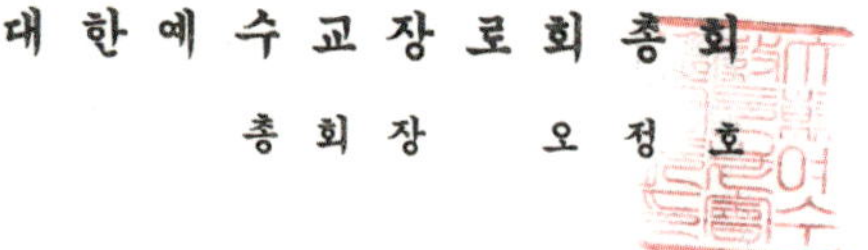

대한예수교장로회총회

총회장   오정호

대한예수교장로회총회

06177 서울특별시 강남구 영동대로 330
대표전화 : 02)559-5600 / 팩스 : 02)568-7456

THE GENERAL ASSEMBLY OF THE
PRESBYTERIAN CHURCH IN KOREA
330, YEONGDONG-DAERO, GANGNAM-GU
SEOUL, KOREA.
TEL+82-2-559-5600, FAX:+82-2-568-7456

총 회 유 지 재 단 이 사

문서번호	본부 제 C108-013407 호	2024년 7월 23일
성 명	김원래	
생년월일	1941년 03월 08일	
주 소	서울시 관악구 신림로 29길 현대 APT 103-803	
직 위	원로장로	
용 도	기관제출용	

 위 사람은 본 총회 산하 서울강남 노회 소속 성림교회 원로장로
로 아래와 같은 경력이 있음을 증명함.

- 아 래 -

2010년 제95회 총회 총회장 김상봉 목사 : 총회 유지재단 이사 / 김원래 장로

* 본 증명서는 위 용도 이외의 다른 용도로는 사용할 수 없습니다.

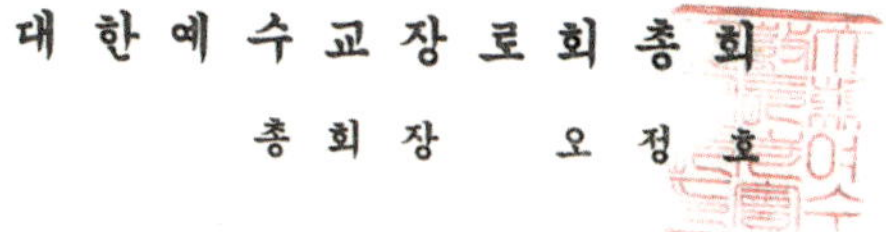

대 한 예 수 교 장 로 회 총 회

총 회 장   오 정 호

1. 재단법인대한예수교장로회총회(합동측)유지재단 보고

제88회기 재단법인대한예수교장로회총회(합동측)유지재단 현황을 다음과 같이 보고
합니다.

보고인 : 이 사 장 임태득
상임이사 이재영

I. 이사회 현황

1. 조 직
이 사 장 : 임태득
이   사 : 김동권 길자연 최성구 이춘묵 최병남 신현진 우희영 최병현 김상권
최명환 조운옥 김원래 강대실
상임이사 : 이재영
감   사 : 안기영 홍 광

2. 회 의
1) 제1차 회의
일   시 : 2004. 2. 23 13:00
장   소 : 총회 회의실
결의사항
① 상임이사가 전회의록을 낭독하니 받기로 하다.
② 신임이사 우희영, 이춘묵, 최병현 목사, 조운옥, 김원래, 강대실 장로의
소개 후 박수로 환영하다.
③ 아래와 같이 기본재산 편입 건을 받기로 하다.

구분	노회명	교회명	담임교역자	소재지	지목	면적
1	동대전	대전중부	김주원 목사	대전광역시 동구 삼정동 98-61	건물	1.663m
2	경동	광 명	조현근 목사	경상북도 경주시 광명동 136-1	건물	건평 14평
					건물	건평 6평
					대지	549m

총회 93회기/94회기 기독신문 사장

문서번호	본부 제 C108-013128 호	2024년 7월 15일
성 명	김원래	
생년월일	1941년 03월 08일	
주 소	서울시 관악구 신림로 29길 현대 APT 103-803	
직 위	원로장로	
용 도	기관제출용	

위 사람은 본 총회 산하 서울강남 노회 소속 성림교회 원로장로로 아래와 같은 경력이 있음을 증명함.

- 아 래 -

2008년 총회 93회기 기독신문 사장 / 김원래 장로
2010년 총회 94회기 기독신문 사장 / 김원래 장로

* 본 증명서는 위 용도 이외의 다른 용도로는 사용할 수 없습니다.

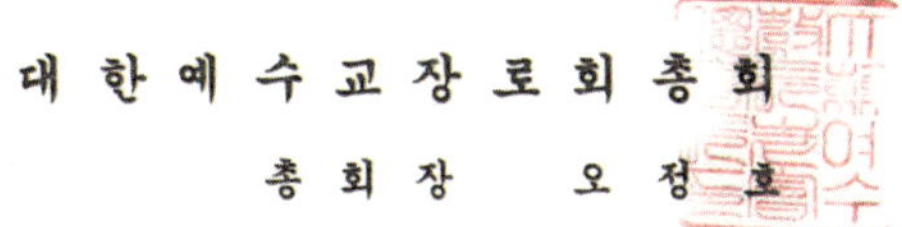

대 한 예 수 교 장 로 회 총 회

총 회 장   오 정 호

④ 기독신문사 보고

(2010년 8월 30일 현재)

이 사 장 : 김삼봉 목사
사　　장 : 김원래 장로

1. 연 혁

- 1965년 1월 4일 창간호 발행
- 2010년 8월 25일 제1784호 발행 (통권 2104 호)

2. 역대 이사장 및 사장

- 이사장 : 김윤찬목사 양재열장로 우성기장로 박요한목사 나판수장로
　　　　　이삼성목사 이영수목사 우병조목사 최승강목사 최기채목사
　　　　　임태득목사 변우상목사 김삼봉목사 서정배목사
- 사　장 : 김정국장로 곽현보장로 고성훈장로 노진현목사 김종근목사
　　　　　채기은목사 배태준장로 김인득장로 정규선목사 조성호장로
　　　　　이상영장로 노시환장로 김성규장로 김상권장로(대행)
　　　　　심판구장로 김원삼장로 권영식장로

3. 이사회 현황

- 이 사 장 : 김삼봉목사
- 부이사장 : 백남선목사 박정하장로
- 총　　무 : 박충규목사
- 서　　기 : 문세춘목사
- 회　　계 : 최병철장로
- 회록서기 : 최우식목사
- 감　　사 : 김응선목사 임은하장로 외 46명

대한예수교장로회총회

06177 서울특별시 강남구 영동대로 330
대표전화 : 02)559-5600 / 팩스 : 02)568-7456

THE GENERAL ASSEMBLY OF THE PRESBYTERIAN CHURCH IN KOREA

330, YEONGDONG-DAERO, GANGNAM-GU
SEOUL, KOREA.
TEL+82-2-559-5600, FAX:+82-2-568-7456

전국남전도회 회장 제21회기

문서번호	본부 제 C108-013129 호	2024년 7월 15일
성　명	김원래	
생년월일	1941년 03월 08일	
주　소	서울시 관악구 신림로 29길 현대 APT 103-803	
직　위	원로장로	
용　도	기관제출용	

　　　위 사람은 본 총회 산하 서울강남 노회 소속 성림교회 원로장로로 아래와 같은 경력이 있음을 증명함.

- 아 래 -

전국남전도회 회장 제21회기(2001년)

* 본 증명서는 위 용도 이외의 다른 용도로는 사용할 수 없습니다.

대 한 예 수 교 장 로 회 총 회

총 회 장　오 정 호

2. 전국남전도회연합회 보고

제85회기 전국남전도회연합회 사업 경과를 다음과 같이 보고합니다.

보고인 : 회 장 김원래
서 기 최덕규

1. 조직
명예회장 : 양 원
회　　장 : 김원래
부 회 장 : 한준희　윤영철　박숭원　서준석　신수회　박윤식　남승찬　최수용
　　　　　이원재　신신우　오차출　박정용　오흥근　송희만　박해석
총　　무 : 이재천
부 총 무 : 장인섭　장성옥　김성수　김태삼　김원삼　이성수　김종호　박석환
　　　　　박창복　남상훈　황진옥　우인권　정천수　구자덕　정성우
서　　기 : 최덕규
부 서 기 : 김성태　배태식
회 록 서 기 : 김부영
부회록서기 : 조성제　김찬익 .
회　　계 : 박종화
부 회 계 : 원영태　강재규
감　　사 : 송정현　김권중　갈현수　라도재　서해림

2. 회의
1) 전국 임원회
일　　시 : 2000. 6. 10　12:00　　　　장　　소 : 로얄관광 호텔
안　　건
① 국·차장, 특별위원, 중앙위원, 협동총무 선임건
② 사업계획 예산안 심의건
③ 육군훈련소 진중세례식 조직건
④ 실행위원회 개최건

2) 서울지역 임원회
일　　시 : 2000. 6. 14　07:00　　　　장　　소 : 여전도회관 지하그릴
안　　건
① 육군훈련소 진중세례식 준비건

회 장
김원래 장로

부 회 장
한준희 장로

부 회 장
윤영철 장로

부 회 장
박승원 장로

부 회 장
서준석 장로

부 회 장
신수희 장로

부 회 장
박윤식 장로

부 회 장
남승찬 장로

부 회 장
최수용 장로

부 회 장
이원재 장로

부 회 장
신신우 장로

부 회 장
오차출 장로

부 회 장
박정웅 장로

<table>
<tr><td>부 회 장
오흥근 장로</td><td> 부 회 장
송희만 장로</td><td> 부 회 장
박해석 장로</td><td> 총 무
이재천 장로</td></tr>
<tr><td> 부 총 무
장인섭 장로</td><td> 부 총 무
장성욱 장로</td><td> 부 총 무
김성수 장로</td><td> 부 총 무
김태삼 장로</td></tr>
<tr><td> 부 총 무
김원삼 장로</td><td> 부 총 무
이성수 장로</td><td> 부 총 무
김종호 장로</td><td> 부 총 무
박석환 장로</td></tr>
<tr><td> 부 총 무
박창복 장로</td><td> 부 총 무
남상훈 장로</td><td> 부 총 무
황진옥 장로</td><td> 부 총 무
우인권 장로</td></tr>
</table>

부총무
정천수 장로

부총무
구자덕 장로

부총무
정성우 장로

서 기
최덕규 장로

부 서 기
김성태 장로

부 서 기
배태식 장로

회록서기
김부영 장로

부회록서기
조성제 장로

부회록서기
김찬익 장로

회 계
박종화 장로

부 회 계
원영태 장로

부 회 계
강재규 장로

감 사
송정현 장로

감 사
김권중 장로

감 사
갈현수 장로

감 사
라도재 장로

감 사
서해림 장로

인도선교사
이기섭 장로

중국선교사
박창호 장로

해외선교위원회

위원장
김성호 장로

북한선교위원회

위원장
성호근 장로

군복음화위원회

위원장
박지선 장로

경찰복음화위원회

위원장
김수길 장로

만교회운동위원회

위원장
오승규 장로

체육문화위원회

위원장
조재근 장로

숭실대학교 최고경영자 과정을 수료하다

2009년 1월 13일 숭실대학교 최고경영자 과정을 수료하였다. 내가 헤꾸니 우리집으로 이사 와서 사신 아저씨에게 최초로 한글을 배우고 이윽고 고기분교에 편입하여 졸업을 하였지만, 배움의 열정을 다 풀지 못한 갈증은 여전하였다. 비록 나이를 먹었지만 그 후에 장로대학교를 수료하고 숭실대학교 최고지도자 과정을 이수하여 수료하는 수고를 마다하지 않았다.

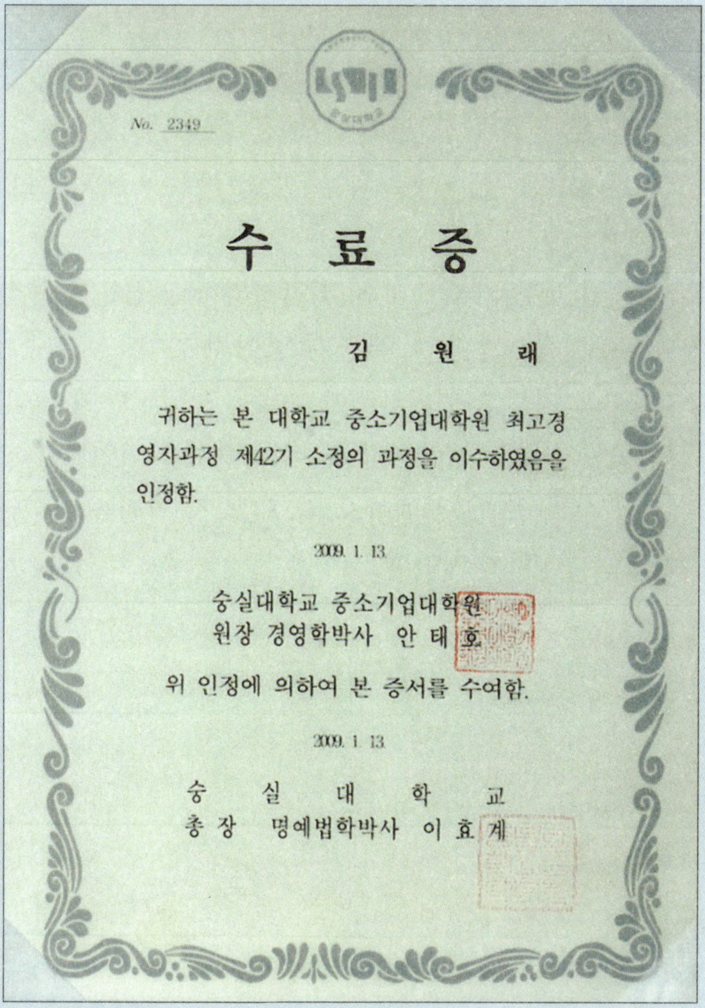

No. 2349

수 료 증

김 원 래

귀하는 본 대학교 중소기업대학원 최고경
영자과정 제42기 소정의 과정을 이수하였음을
인정함.

2009. 1. 13

숭실대학교 중소기업대학원
원장 경영학박사 안 태 호

위 인정에 의하여 본 증서를 수여함.

2009. 1. 13

숭 실 대 학 교
총장 명예법학박사 이 효 계

면 학 상

성명 : 김 원 래 장로

1941년 3월 8일생

합동 성림교회

위 사람은 불편한 여러 조건들을 극복하고
성심을 다해 수강함으로 면학 분위기 조성에
공헌하였으므로 그 면학정신을 높이 치하하여
이 상장을 드립니다.

2010년 2월 11일

한국장로교육원 원 장 이 흥 수

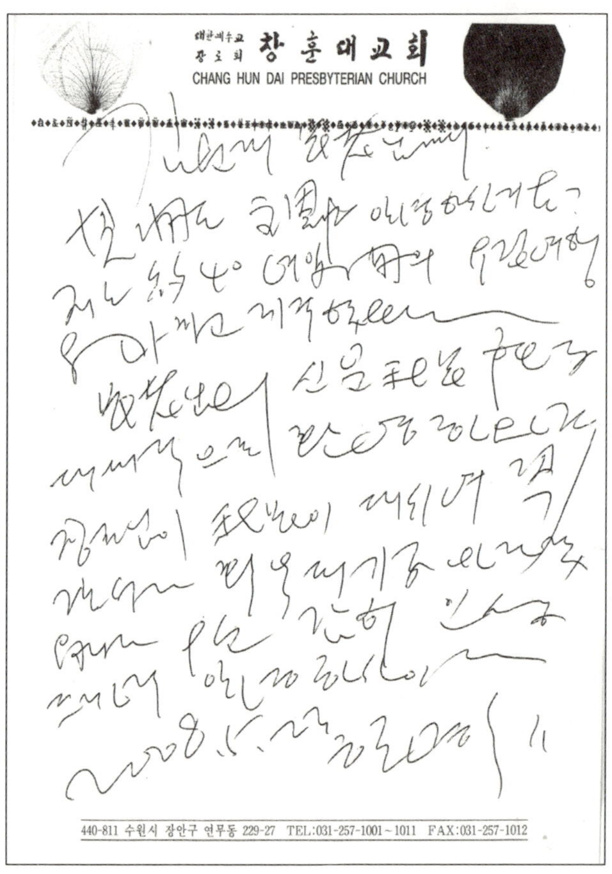

한명수 총회장님이 김원래 장로가 기독신문사를
맡아 줄 것을 당부하는 서찰

대한예수교장로회(합동) 총회에 총대로 섬기면서 기독신문 이사로 파송받아 섬기던 중 총회장 한명수 목사님께서 자필로 기독신문 사장으로 섬겨 달라는 편지를 보내 왔다.

총회에 참석한 이사들이 모인 이사회에서 총회 기관지 기독신문의 사장으로 선출되었다.

사장이 되어 첫 출근을 하니 직원들의 출, 퇴근 개념이 없었다. 그래서 나는 새벽기도를 마치고 아침식사하고 매일 오전 9시 전에 출근하여 모이는 직원들과 함께 하나님께 예배를 드리며 신문사 발전에 대한 의견을 나누었다.

하루종일 필름을 떠서 밤새도록 신문을 찍어야 겨우 28면 신문을 발행하며, 간지를 찍어 끼워서 신문을 배부하는 신문이었다. 기독신문사는 총회장님이 발행인이고 모든 책임은 총회장님께 있으므로 총회장님께서 폐간을 하실 수가 있고, 직원을 사직시킬 수도 있다. 그리하여 최병남 총회장님께서 나를 부르셔서 갔더니 직원 경질자 명부를 주시며 내일 당장 사직서를 받아오라고 하셨다. 그래서 그 명단을 가지고 밤새 새벽기도까지 기도해도 응답이 없어서 출근하여 총회장님께 말미를 주시기를 간청하여 빠른 시일 내에 하라는 하명을 받고 매일 하나님께 기도하였다. 그 직원들이 한 가정에 가장들인데 직장을 잃으면 저분들이 교회나 다니겠는가 생각하니 눈앞이 캄캄하였다. 그래서 새벽마다 하나님께 아뢰며 있자니 총회장님의 불호령이 매일 있었다. 그래서 기도하는 중입니다 하면 무

슨 기도가 그리도 길단 말인가 하셨다. 그럴수록 열심히 기도하며
신문사를 위하여 하나님께 지혜를 구하며 어려움을 견뎌가면서 직
원들과 함께 최선을 다하였다.

　지금 한국에 인쇄기술이 좋은데 우리 신문이 무엇이 부족해서
이렇게 발행하느냐고 물었다. 국장들에게 PDF 교육을 시키기로 하
여 출판부를 먼저 교육시키고, 편집부에 시켜서 지금 인쇄소에서
이 화면을 받을 수 있는 시설이 되어 있는지 확인하고, 만약 이 화
면을 못 받는다면 다른 인쇄소의 견적을 받아라. 내가 견적을 받으
면 사장이 인쇄소 옮기며 돈이나 받아먹었다는 소리가 나면 안되니
국장들과 부장들이 받으라고 해서 각 신문사에 견적을 받아왔다.
그래서 어느 신문사가 우리에게 적합한지 잘 알아서 견적을 받으라
고 하였더니 받아 온 신문사는 매일경제, 서울신문, 한국일보, 경향
신문이었다. 여기에 우리에게 맞는 곳이 어디인지 검토해 보니 매
일경제 신문사가 우리에게 맞는다고 하여 다시 알아보니 매일경제
신문은 통합 기독공보를 찍는다 해서 여기는 안 된다 하고 다른데
더 좋은 신문사를 알아보라고 하였다. 그래서 경향신문사가 좋다
고 하여 국장들과 부장들을 다 불러서 각자의 의견을 들어보니 우리
에게 잘 맞는 곳이라 하였다. 그래서 인쇄소를 옮기면 앞으로 참 잘
선택하였다는 앞날이 되어야지 내 임기가 끝나서 그때에 잘못하였
다 하면 안되니 신중히 생각하라고 하였다.

인쇄소 계약을 하다

인쇄소 견적이 여러 신문사이지만 거의 다 비슷한 견적이 나왔
다. 그중에서 경향신문사가 좋다고 하여 담당자를 만나보기로 하였
다. 책임자를 불러 여러 가지 조건을 타진하고 48면까지 발행할 수
있는 면을 말하고, 우리가 화면을 주면 시간은 어느 정도며, 우리
조건에 맞게 조율을 하고 네고를 해달라고 하니 국장과 부장들이 다
네고를 해서 안 된다고 그래서 나는 화장실 가는 것처럼 하여 나와
버렸다. 그런데 전화가 많이 와도 받지 아니하고 시간이 늦어서 집
으로 와 버렸다. 하나님께 "교단 기관지 인쇄소를 좋은 데로 인도해
주세요." 하고 새벽기도하고 나갔더니 어제 왔던 직원들이 아침에
와서 대면하니 "어제는 미안하다"고 하고 "네고를 하나도 안해 주
면 내가 여기 있을 필요가 있나요? 그래서 다른 일 보러 가서 미안
합니다." 하고 "그래, 어떻게 하시겠습니까?" 물으니 "5%를 깎아드
릴께요." 해서 10%를 깎아서 우리 조건에 맞도록 합시다. 그렇게 해
서 합의해고 계약을 하였다. 그러고 한 달을 지나니 이전보다 좋은
지면과 기사들로 활성화되어 많은 수입이 된다고 직원들이 말을 했
다.

우리 하나님께 감사를 올려드렸다. 1만 부라도 우리가 필요한
대로 신문이 발행되는 기독신문사가 되었다. "한국에서 유명한 기
관지라도 우리 신문을 따라오려면 앞으로 많은 시간이 필요할 것이
다."라고 하며 국장들과 부장들과 직원들이 다들 기뻐하였다. 하루

는 양성수 장로가 와서 "사장님 감사합니다." 하며 기뻐하는 모습이 지금도 선하다. 왜냐하면 매일 신문배달 하려면 속지를 끼워야 하는데 속지 끼는 것이 없어졌으니 너무너무 감사하다는 말이었다.

노조를 자진 반납하다

직원들의 첫 급여를 결재하는데 마음이 아팠다. 너무 적은 급여를 보고 나는 하나님께 기도했다. 이들이 대부분 가장들인데 너무 적은 급여를 주면서 총회장님께서는 직원을 퇴직시키라고 하셔서 너무너무 괴로웠다.

적은 돈을 받으면서 일하는데 직원을 자르라고 하시는 총회장님의 말씀에 "예" 하고 다음에 만나면 왜 사장이 말을 안 듣느냐 하시면 "예 기도하는 중"이라 하고 말씀드리면 많은 질타에도 한 사람도 경질 안 하고 급여를 배 이상 올려주고 보너스도 100% 지불해주니 9시 예배도 참석하고, 출퇴근도 잘하고, 서로 화목하고 민주노총 언론노조도 자진 반납하였다.

그래서 내 통장에서 1,000만원을 찾아다 직원들에게 주며 얼마 안 되지만 이 돈으로 상조회를 조직하여 행복한 상조회를 만들라고 하였더니 그후 상조회가 잘 운영되었고 모두들 기쁘다고 하였다. 지사장들도 재계약을 해서 신문 본사와 지사 광고비를 합리적으로 조정하고 지역의 광고는 본사에서 지사로 관할권을 다 넘겨주었다. 그러니 지사도 열심히 하고 본사도 열심히 하여 내가 임기를 마칠

때 신문사가 잘되어서 전 직원들에게 많은 급여와 보너스를 주고 돈
이 남아서 5억이나 입금하여 주었다.

공로패를 받다

　김상봉 총회장님께서 주신 공로패를 2010년 9월 27일에 받았고
2010년 10월 11일에는 직원 일동 26명 공동명의로 공로패를 받았
다. 하나님께서 이루어 주셨으니 이 모든 영광은 우리 아버지 하나
님께 드린다.
　새벽기도 때 하나님께 영광을 돌렸다. 신문사를 퇴직할 때 처음
취임하던 때가 떠올랐다. 하루종일 필름 뜨던 신문에서 PDF로 전환
되어 인쇄가 신속해지고 매순간 피드백이 되었다. 이 모든 것이 하
나님께서 지혜를 주셔서 만 2년을 잘 마쳤다. 다만 그동안 발행인인
총회장님이 직원들의 사표를 받으라는 말씀에 불순종한 것이 마음
에 걸렸지만 결국 좋은 결과를 얻은 것 또한 하나님의 은혜였다.

大金元來長老
理事長 權 周 植 教師

내안예수교장로회총회
기독신문 이사회
2008년 12월 29일 총회회관 5층

공 로 패

김 원 래 장로

귀하는 본 교단 기독신문 사장으로 재임기간
(2008.9.24.~2010.9.28.)동안 어려운 상황 속에도
불구하고 총회의 위상을 높이고 부단한 노력으로
총회발전에 기여한 공로를 기리며 제95회 총회를
맞아 전국교회와 성도들의 마음을 담아 이 패를
드립니다.

2010년 9월 27일

대한예수교장로회총회
총회장 김 삼 봉

공 로 패
기독신문사 사장 김원래 장로
귀하께서는 기독신문사 제44회기, 제45회기
사장으로 재임하시면서 신문사의 많은 어려운
환경에도 불구하고 직원들을 극진히 아껴주시고
많은 제도개선과 더불어 신문사의 발전을 위해
기여하신 공로가 매우 크므로 온 직원의 마음을
이 패에 담아 드립니다.
2010년 10월 11일
기독신문사 사장 정희웅 외 직원일동
우인권 이길환 조재원 이활철 서경선 강석근
노충헌 이강민 권남덕 남현옥 정재영 김병국
안재관 임종길 김윤기 오승희 송영임 박민균
송상원 우리나 조준영 한자영 한정선 정형권
이미영 박용미

한기총 한국교회평신도협의회 대표회장

그렇게 교단 일을 대과없이 마치게 하신 하나님께 감사드린다. 교단을 넘어 한기총 산하 한국교회 평신도단체협의회 대표회장에 선임되어 취임하였다.

평단협 제30회기와 제31회기 대표회장을 맡아 헌신하게 되었다.

한국기독교총연합회 한국교회평신도협의회는 34개 교단 평신도들이 모인 연합회이다. 대표회장은 각 교단 내 지교회 남전도 회장이나 장로회 회장을 역임한 분에게 그 자격을 부여한다. 회원 교단 명단은 다음과 같다.

1. 구세군 대한 본영
2. 그리스도교회협의회
3. 기독교대한감리회
4. 기독교대한성결교회
5. 기독교대한하나님의성회

6.기독교한국침례회

7. 기독교한국하나님의교회

8. 대한기독교 나사렛성결회

9. 대한성공회

10. 대한예수교오순절성교회

11. 대한예수교장로회 총회

12. 대한예수교장로회 총회(합동개혁)

13. 대한예수교장로회 총회(고신)

14. 대한예수교장로회 총회(대신)

15. 대한예수교장로회 총회(보수)

16. 대한예수교장로회 총회(보수개혁)

17. 대한예수교장로회 총회(보수합동)

18. 대한예수교장로회 총회(정통)

19. 대한예수교장로회 총회(통합)

20. 대한예수교장로회 총회(합동)

21. 대한예수교장로회 총회(합동개혁)

22. 대한예수교장로회 총회(합동보수)

23. 대한예수교장로회 총회(합동정통)

24. 대한예수교장로회 총회(호헌1)

25. 대한예수교장로회 총회(호헌2)

26. 예수교대한감리회(예감)

27. 예수교대한감리회(예성)

28. 예수교대한하나님의성회

29. 한국그리스도교회 총회

30. 한국기독교장로회 총회(기장)

31. 한국그리스도의 교회협의회

32. 대한예수교장로회 총회(개혁선교)

33. 대한예수교장로회(예장)

34. 대한예수교장로회 총회(합신)

평단협은 그동안 한국교회 평신도 단체에서 목회자 분들의 의료보험이 안 되어서 많은 일이 있었기에 평단협에서 적극적으로 힘을 써서 의료보험이 되도록 하였다.

그리고 각 교단별로 찬송가가 제각각이라 많은 불편이 있는 것을 보고 오랜 숙의와 연구 끝에 통합찬송가를 만들어 내었다.

지나온 세월이 흘러서 오늘까지 오게 하신 하나님께 감사드린다. 34개 교단이 연합하여 여러 연합사업을 하는 동안 대 정부, 대 언론 등 수많은 노력을 했고, 이 모든 것이 우리 하나님 아버지께서 도와주신 은혜에 감사와 영광을 돌린다.

찬 송 가
제 30 회 정기
일시 : 2009년 10월 24일(토) 오후 6시
한국기독교총연합회 대표회장

한국교회평신도단체협의회
6.25상기 제69주년 구국기도회 및 특강
강사 : 예배/최광임 목사(성신교회 담임) 특강 : 이완주 국회의원

신년감사예배 및 특별강
일시 : 2011년 1월 10일(월) 오후 5시   장소 : 한국기독교연합회관 강당
강사 :   훈 목사, 김문수 경기도지사

평단협 30년사

10~11대 대표회장이신 정연택 장로님께서 어느 날 나를 보자고 하셔서 찾아뵈었다. 장로님은 평단협 30주년 대표회장이 되었으니 30년사를 꼭 만들라고 하신다. 장로님이 원고를 그동안 모아놓으셨다면서 주셨다. 가지고 가서 살펴보라고 하시고 "편집은 김수진 목사님께 부탁을 하였으니 목사님을 찾아뵙고 말씀을 드리면 1,000만원에 해주신다 하였으니 그렇게 알고 진행을 하세요." 하셨다. 그 후 정연택 장로님께서는 천국으로 가셨다.

김수진 목사님을 신설동으로 가서 찾아뵙고 정 장로님의 말씀을 드리고 정 장로님이 주신 원고를 드렸더니 똑같은 말씀을 하셔서 원고료도 깎지 못하고 약속하신 말씀대로 1,000만원에 하시기로 하고 점심을 대접해 드리고 왔다. 얼마 지나서 목사님이 오라고 하셔서 갔더니 원고가 다 되었으니 가져가라고 하셔서 나중에 30년사 발행하여 원고료를 드리려고 하였더니 원고료는 즉시 다 내고 찾아가라는 말씀이었다. 그래서 제가 정 장로님의 말씀으로 목사님을 찾아왔으니 수일 내에 우리 임원들과 임원회를 해서 어떻게 하든지 돈을 마련해

가지고 오겠다고 하니 원고를 찾아갈 때 500만원만 드리고 나머지 금액은 30년사를 발행한 후 500만원을 드리면 안되겠냐고 사정을 하였다. 그것은 고 정연택 장로님의 유언이니 김수진 목사님께 이렇게 사정의 말씀을 드리니 원고를 주셔서 30년사 제작에 들어갔다. 30년사 제작을 마치고 잔액 500만원을 지불하였다.

원고를 정리하는데 김장로님의 원고가 잘못되었다고 하여 원고를 바로잡는데 추가로 200만원이 더 드리니, 전 사무총장님께서 바로잡아 30년사가 출간하는 데 많은 힘을 써 주셔서 30년사가 발행되었다.

한국교회평단협에서 적극적으로 힘을 써서 의료보험이 되도록 한일, 각 교단대로 발행되던 찬송가를 통합하여 찬송가를 만들어 내었다. 이 모든 내용은 30년사를 보면 그 세월에 각 교단 대표들이 자비를 들여서 한국교회를 이끌어 온 흔적이 남아 있다. 우리 민족이 굶주리고 어려울 때 전능하신 하나님 아버지께서 구원해 주신 우리 교계는 각 교단 대표들이 앞장 서서 한국교회에 보탬이 되는 일들을 앞다투어 일했다.

30년사는 고 정대표 회장님의 유언과 같은 생각으로 정성을 다하여 제작을 했다. 이 놀라운 사정의 일은 체험한 사람이어야 알지 아무도 알 수 없는 일이다. 우리 하나님께서 역사하셔서 어려운 모든 일이 있어도 이루게 하시는 이는 하나님이라는 사실을 체험한 사람이어야만 알 수 있다.

놀라운 사실은 안 된다고 하는 사람들이 너무나 많았지만, 우리 하나님 아버지께서는 힘을 다하고 정성을 드리는 자에게 무엇이든지 이루어 주신다.

인사의 말

연합활동에 앞장선 평협

한국교회평신도단체협의회
대표회장 김 원 래 장로

한국교회의 대표적인 평신도연합기관으로 한국교회평신도단체협의회가 창립된 지 어언 30년을 맞이하게 되었습니다. 한국교회평신도단체협의회는 한국교회를 대표하는 평신도연합기관으로 1960년 10월 24일 창립총회를 가지고 예수 그리스도의 복음을 토대로 국내외 평신도 공동체간에 교회일치와 연합운동을 추진함을 목적으로 출범하였습니다.

각 교단의 평신도단체들이 '하나님의 뜻이 하늘에서 이루어 진 것 같이 땅에서도 이루어 지이다' 는 말씀과 같이 한마음 한뜻을 가지고 30년을 이어온 것은 오로지 하나님의 은혜가 아니고서는 도저히 불가능한 일이었습니다. 짧다면 짧은 기간이었지만 평신도연합기관으로서 한국교계에 공헌한 그 동안의 업적을 모아 이제 처음으로 [평협 30년사]를 발간하게 되었습니다.

한국교회평신도단체협의회는 시작은 미약하였으나 해를 거듭하면서 큰 단체가 되었고, 놀라운 업적을 남기게 되어 그 동안의 사업과 업적을 정리하여 기록으로 남기는 일은 좋은 일이라 생각됩니다. 괄목할 업적으로는 1962년 이후 20여 년간 사용해 오던 한국교회의 찬송가(개편, 새, 합동)가 교단마다 다르고 통합작업이 지지부진하던 때인 1982년에 우리 한국교회평신도단체협의회가 앞장서서 통일 찬송가를 발간하였으며, 국민의료보험이 도입된 후 교역자에게도 의료보험 혜택이 적용되도록 추진한 것은 역사에 길이 남을 업적이라고 자부합니다.

역사는 구전으로 그친다면 아무런 의미가 없으며 기록으로 정리되어 남을 때에 역사가 되며 한국교회평신도단체협의회의 역사가 한국교회 평신도운동의 산 증인이 될 것임을 확신합니다. 또한 재임 중에 평협 사무실을 개설하여 본회 발전에 미력이나마 기여하게 하신 하나님께 감사를 드립니다.

끝으로 [평협 30년사]를 발간하기까지 귀중한 자료를 제공해 주신 역대회장님들과 역대 총무님들, 그리고 시간과 정력을 쏟아 주신 편찬위원장 하태초 장로님과 편찬위원님들, 편집위원장으로 수고해 주신 김행원 장로님과 편집위원님들에게 깊은 감사를 드립니다. 아무쪼록 이 귀한 [평협 30년사]가 한국교회의 평신도연합기관의 역사가 되고 감동과 교훈이 되어 한국교회평신도단체협의회가 발전하는데 크게 보탬이 되었으면 하는 바램입니다.

역 대 회 장

제1대~제2대	제3대~제4대	제5대
이익모 장로(통합)	故 유상엽 장로(기감)	故 홍기득 장로(기성)
제6대~제7대	제8대~제9대	제10대~제11대
故 김성규 장로(기침)	故 주경효 장로(고신)	故 정연백 장로(통합)
제12대	제13대~제14대	제15대~제16대
양웅철 정교(구세군)	고상권 장로(기하성)	故 박광철 장로(기하성)

역 대 회 장

제17대~제18대	제19대~제20대	제21대~제22대
이우호 장로(예성)	하태초 장로(합동)	신명범 장로(기성)
제23대	제24대~제25대	제26대~제27대
박우승 장로(기감)	김봉갑 장로(고신)	김범열 장로(통합)
제28대~제29대	제30대
조경식 장로(기침)	김원래 장로(합동)

글을 마치며

인생 80이면 세수로도 부족하지 않은 세월이다. 그 살아 온 나날을 어찌 몇 글자 문장으로 다 형용할 수 있겠는가?

돌아보면 기적의 하나님밖에 떠오르는 것이 없고, 생의 매듭마다 은혜 베푸신 기억밖에 없다. 부족한 글로 번잡하게 하지는 않았는지 염려되기는 하지만, 나의 살아온 인생을 말하고자 했고, 소박하지만 진솔한 글 고백으로 평가해 주시기를 바란다.

이 글을 마치면서 내가 평생을 살아오는 동안 잊지 않고 지키고자 했던 소중한 것 몇 가지를 남긴다.

누구라도 생각할 수 있는 것들이지만, 꼭 남겨야겠다는 생각이다.

첫째, "하나님의 은혜"를 잊지 않는 것이다

병약했던 내가 일찍 죽지 않고, 호랑이 앞에서도 살아서 도망치고, 전쟁통에도 해를 입지 않고 살아서 80년이 넘는 동안 생명을 유

지한 것은 "하나님의 은혜"다. 인생의 굽이굽이마다 개입하셔서 "원래"를 이 땅에 보내실 때 주신 사명을 완수하기까지 오래 참으신 것을 하나님의 은혜라고 말하지 않는다면 어떻게 설명할 것인가?

몇천 번을 외친다 하여도 "하나님의 은혜"를 사모하는 것은 내 인생의 모토다.

둘째, 순종하는 마음이다

많은 경우 내 판단이나 결단을 필요로 할 때가 있다. 그러나 그럴 경우 나는 언제나 "순종"을 택했다. 순종과 맹종은 조금 다른데, 옳고 그름을 따지지 않고 따르는 것이 맹종이라면, "순종"은 바르고 유익한 것에 찬동하고 몸과 마음을 맞추는 것이다.

내 인생이 파란만장했고 비록 내세울 것은 많지 않지만, 비교적 순탄하고 좋은 결실을 맺을 수 있었던 것은 바로 "순종"하는 마음을 지속적으로 실천했기 때문이다.

셋째, 정직하고 성실한 삶의 태도를 가져야 한다

어느 경우에도 현실의 이익을 위해서 마음 한자락 허비하지 않았다. 매사에 정직하고 성실하게 임할 때에 말하지 않아도 상대방도 알고 거래 관계자 분들도 알게 되고, 교회와 연합회 등 모든 사람들이 인정하고 서로 의견을 나누게 되고 내가 제시한 의견이 받아들여지는 것이다. 교회에서 안수집사가 되고, 장로가 되고, 재정부 계수원이 되고, 재정부장이 되고, 관리부장이 되어 섬기는 동안 나는 그 일이 하나님께서 맡기신 내 사명으로 받아들였다. 그렇게 섬김으로 그 결과는 엄청난 것으로 내게 돌아왔다.

넷째, 드리고 나누고 베풀어라

숱한 기적 속에서 살아온 내 80 평생이 자선사업가들처럼 펑펑 나눠주고 살지는 못했다. 하지만, 적어도 나누어야 할 때는 나누었고, 베풀어야 할 때는 베풀었고, 헌신하고 드려야 할 때는 "마음을 다해 드렸다." 특히 교회가 필요로 할 때는 주저하지 않고 아낌없이 드렸다. 그러면 그 결과는 언제나 항상 넘치도록 갚으시는 하나님의 은혜를 만났다. 교회 건축을 위해 건축헌금을 3억으로 작정하고 대출을 받아 완불한 것도 그러한 내 마음의 표현이었다. 드려라. 나눠라. 베풀어라.

다섯째, 기도하라

기독교인으로서, 장로로서 당연한 이야기라고 할지 모르지만, 기도하지 않으면 영적으로 피폐해진다. 철원에서 살 때 "농도원" 교육을 받는 동안 기도하지 못하고 지내다가 피폐해진 내 영혼을 발견하고 "대한수련원"에 가서 기도한 연후에 되살아난 아픈 경험이 있다. 무슨 일이든지 하나님께 여쭈어 보고 나아가는 자세가 필요하다.

시간을 내어 기도할 수 없을 때라도 즉석에서 기도하면 성령께서 말할 수 없는 탄식으로 인도하시고 세미한 소리로 나아갈 방향도 주시는 것이다. 또한, 환경과 조건까지도 바꾸시는 것을 내 아내 "주옥 권사"가 살 수 있었던 기적을 통해 깨닫게 하신다.

여섯째, 기적을 믿는 신앙인이 되는 것이다

기적은 우리 인간으로서는 이루기 어려운 현실을 전지전능하신 하나님의 은혜로 말미암아 바꾸시는 것이다.

만약 이를 믿지 않고 "에이 그런 게 어디 있어?" 한다면 그런 기적은 바라볼 수도 없고 일어나지도 않을 것이다.

모름지기 신앙인이라면 의당 기적을 믿고 바라고 기도하는 사람이어야 한다고 나는 믿는다.

그 기적은 아내 "김주옥 권사"가 살아난 대목에서 설명했다.

뿐만 아니라 한미한 벽촌의 병약한 아이에게 임재하시고 복음이 전수된 일도 기적이고, 작게는 샷시가게할 때 일어났던 "숙명여대 계약"에서도 일어났다.

기적은 믿는 자에게 아직도 진행형으로 일어나는 것이다.

나는 전립선 암 진단을 받고 서울대병원에서 5년이상 치료를 받고 있었다. 치료하는 과정에서 이미 3기가 되어 수술을 하지 않으면 살 수 없다는 진단을 받았다. 다른 방법이 없어 수술하기로 하여 입원하였다. 입원실에서 교수님께 수술비가 얼마나 드느냐고 물었다. 그랬더니 2,000만원이 든다는 것이었다. 그 때 내 생각이 교회 건축헌금도 해야 하고 선교도 해야 되는데 아까운 생각이 들었고 죽으면 주님 품에 안길텐데 굳이 낭비할 필요가 있겠냐는 생각이 들었다. 그래서 죽으면 죽으리라 결심을 하고 수술을 받지 않겠다고 말씀을 드리니 "그러면 생명을 유지할 수 없을 것"이라고 만류했지만 나는 의지를 굽히지 않고 결행을 했다.

성림교회는 금요일 마다 환우들을 위해 담임목사님이신 진용훈 목사님께서 뜨겁게 기도해 주시는 시간을 갖는다. 나는 계속해서 기도하고는 있었지만 그 때부터 목사님과 함께 더욱 뜨겁게 기도하였다.

오랫동안 치료를 받았으나 다시 2025년 1월 5일 MRI와 CT등 검사를 하고 1월 10일 검사 결과를 듣게 되었는데, 주치의가 하시는 말씀이 "암덩어리가 없어졌네요. 이런 상태라면 앞으로 약도 드실 필요가 없습니다." 하는 것이었다.

전립선 암 3기로 수술을 받지않으면 죽는다고 해서 수술 일정까지 잡았었는데 오직 기도만 했을 뿐인데, 하나님의 은혜로 암이 없어진 기적을 맞이한 것이다.

암과 여러 가지 병을 앓은 끝에도 지금도 활기찬 삶을 살고 있는 내게 "기적"은 "일상"인 것이다.

일곱째, 명예에 매달리지 마라

　사람들의 욕망 중에 재물욕과 성욕 등은 자신의 의지에 따라 선택할 수도 있고 버릴 수도 있다고 한다. 하지만, 명예욕은 좀 다르다고 하는데, 자신의 위치가 올라가면 올라갈수록 팽개칠 수가 없다고 한다. 왜냐하면 자신을 떠받치는 사람들이 가만히 두지 않기 때문이라고 한다.

　물론 총회적으로 여러 자리를 거친 나로서는 어려운 이야기이고, 그 일을 맡았을 때는 성실하고 집중해서 임했고, 나름의 자랑거리이기는 하지만, 지나고 보면 인생을 걸 만큼 중요한 일이라는 생각에는 약간은 회의적이다. 내가 필요하다고 하면 최선을 다해 임할 것이나 사생결단하고 나설 일은 아니라는 것이 내 생각이다.

여덟째, 세상에 공짜는 없다

　나는 사업을 시작할 때 아무나 쉽게 겪을 수 없는 경험을 한 바 있다. 잠실 사거리, 서초동 향나무거리 등을 보여주며 땅을 사면 수천억을 벌게 해준다는 정상적인 사람이라면 입을 딱 벌릴 수밖에 없는 제안을 받았다. 그러나 하나님께서 미리 "전화사건"과 관련한 캄플 예방주사를 통해 어려움을 겪게 하시므로 그 수렁에 빠지지 않고 무사히 지나올 수 있었다.

　세상에는 공짜는 없으며, 허황된 욕심은 결국은 인생을 파탄내고 함께하는 가족과 이웃에게도 피해를 끼치는 것이다. 물론 두말할 것도 없이 하나님을 경외하는 것에 반하는 맘몬 우상임은 말할 것도 없다.

내 인생을 돌아보면 다시 한 번 "하나님의 기적, 하나님의 은혜"를 말하지 않을 수 없다. 이후의 삶이 얼마나 건강하게 얼마나 남았을지는 모르지만, 허락하신 나날 동안 은혜 안에 살고 싶다.

그리고 나를 아는 모든 분들의 삶과 가정과 생업과 섬기는 교회 위에 하나님의 은혜와 은총이 넘치기를 축원한다.

임명장, 위촉장, 추대패, 감사패, 축하패, 공로패

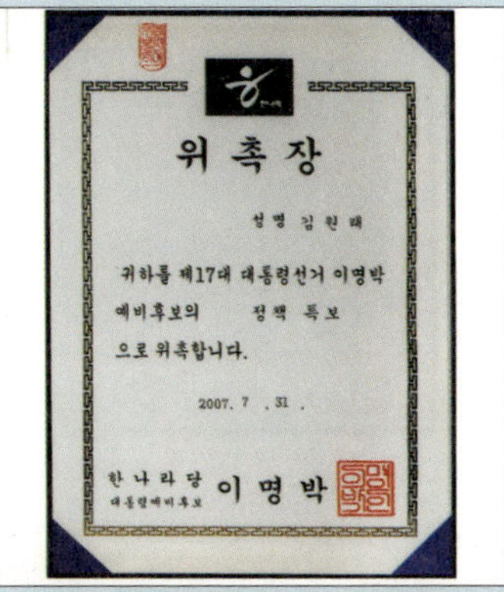

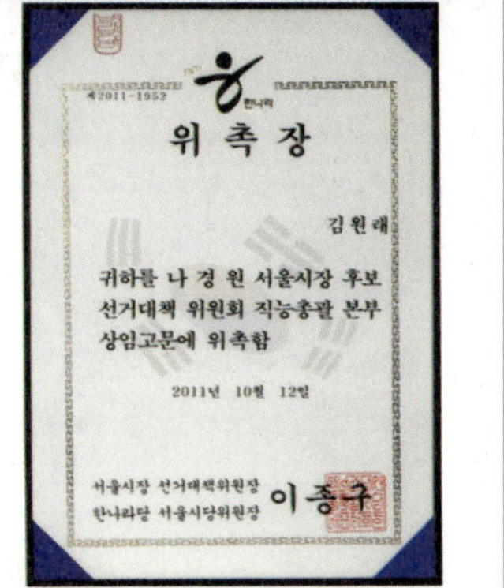

선 임 패
부총무 김원래 장로
제15회기중 위와 같이 선임되었
기에 이 패를 드립니다.
1995. 6. 29
대한예수교 전국남전도회연합회
회장 홍 종 윤

선 임 패
동원국장 김원래 장로
귀하를 위와같이 선임합
니다.
1994. 6. 28
대한예수교 전국남전도회연합회
회장 류 재 양

선 임 패
부회장 김원래 장로
귀하를 전국남전도회연합회
부회장으로 선임합니다.
1999년 6월 17일
대한예수교 전국남전도회연합회
회장 성 회 용 장로

선 임 패
협동총무 김 원 래 장로
장로님은 전국장로회연합회 제25회 정기총회에서
협동총무로 선임되었기에 이 패를 드립니다.
1996년 1월 26일
대한예수교 전국장로회연합회
회장 윤 근 창

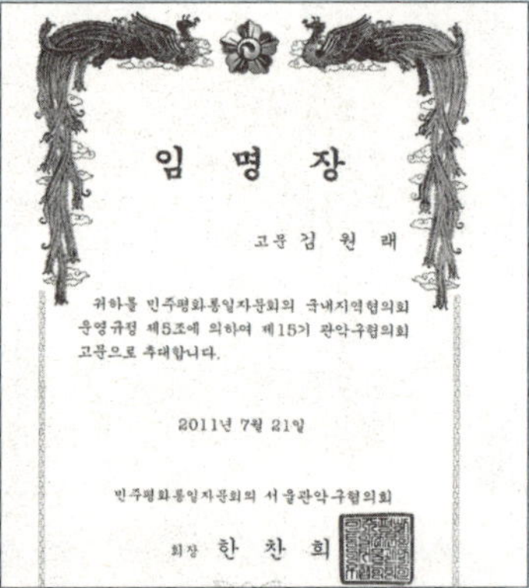

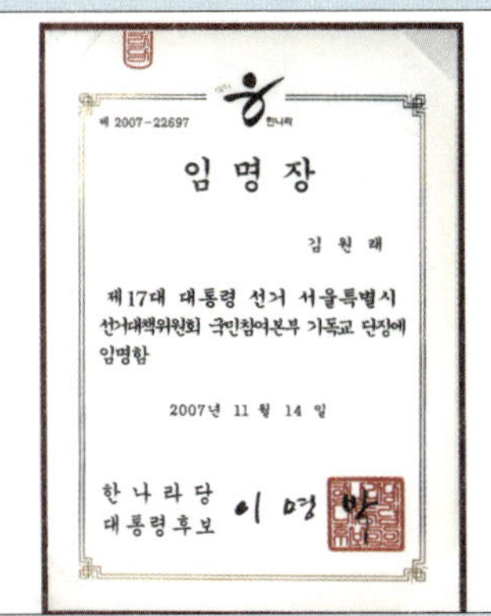

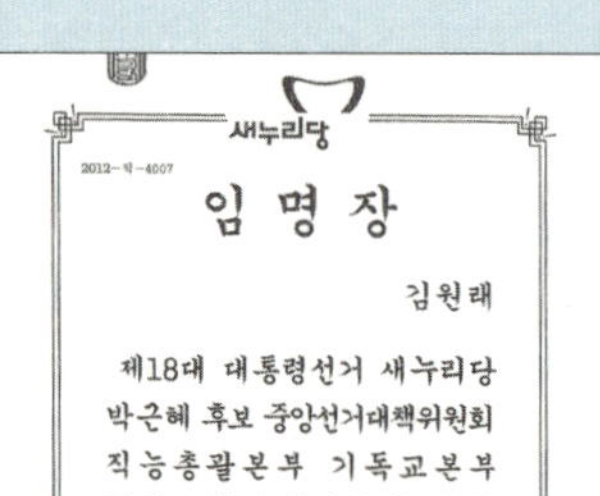

임 명 장

김원래

제18대 대통령선거 새누리당
박근혜 후보 중앙선거대책위원회
직능총괄본부 기독교본부
한국교회대책위원회 공동
위원장에 임명함

2012. 10. 20

새 누 리 당
대통령후보 박 근 혜

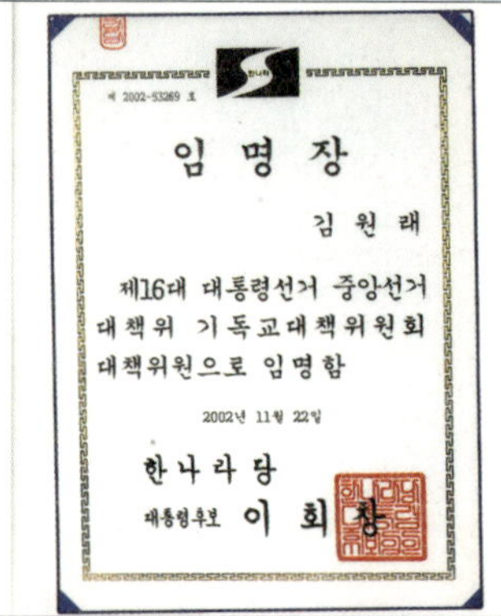

임 명 장

김 원 래

제16대 대통령선거 중앙선거
대책위 기독교대책위원회
대책위원으로 임명함

2002년 11월 22일

한 나 라 당
대통령후보 이 회 창

會 員 牌

金 元 來

貴 라이온에서는 國際協會의 認准을 받아
本 클럽 會員이 되심을 眞心으로 歡迎하오며
라이온스精神에 立脚한 地域社會奉仕와 人類
福祉向上에 貢獻하여 주실것을 當付드리며 이에
會員牌를 드립니다.

1987. 2. 19

國際라이온스協會 309-K地區
落星臺라이온스클럽
會長 金 相 國

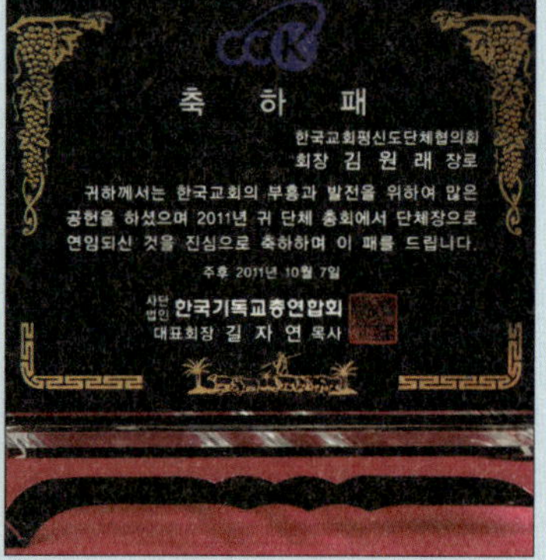

축 하 패

한국교회평신도단체협의회
회장 김 원 래 장로

귀하께서는 한국교회의 부흥과 발전을 위하여 많은
공헌을 하셨으며 2011년 귀 단체 총회에서 단체장으로
연임되신 것을 진심으로 축하하며 이 패를 드립니다.

주후 2011년 10월 7일

사단
법인 한국기독교총연합회
대표회장 길 자 연 목사

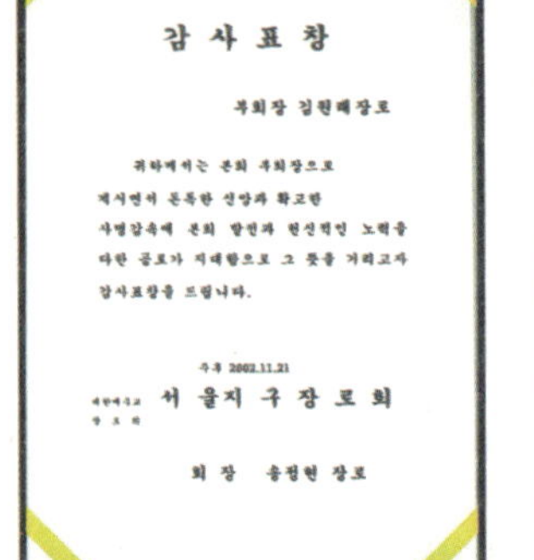

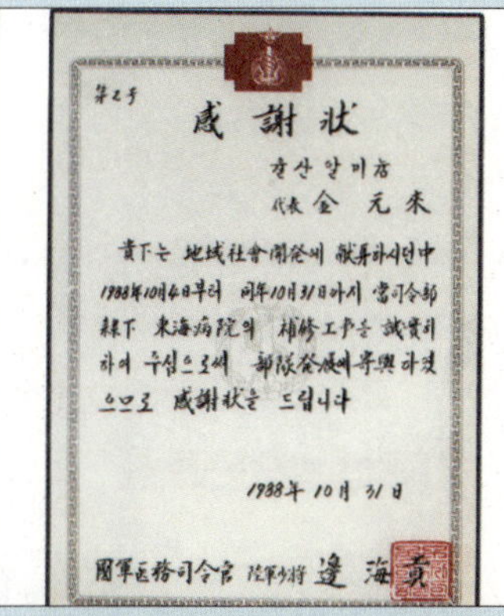

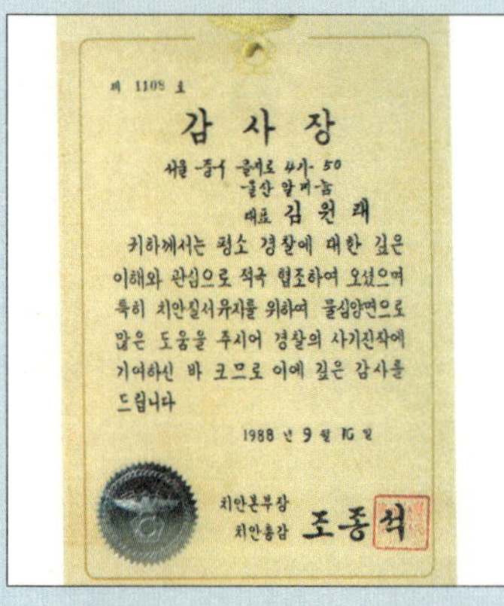

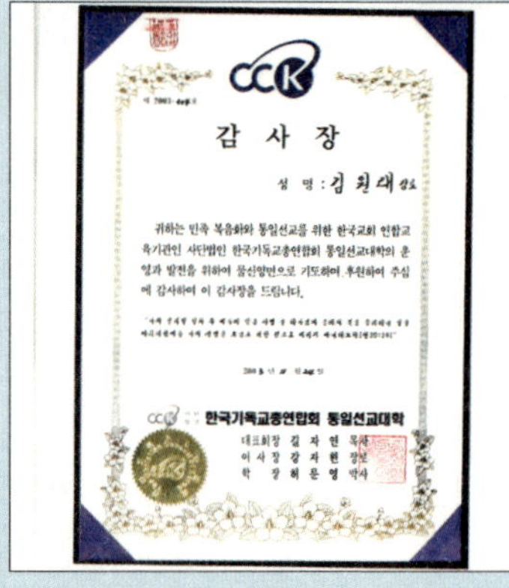

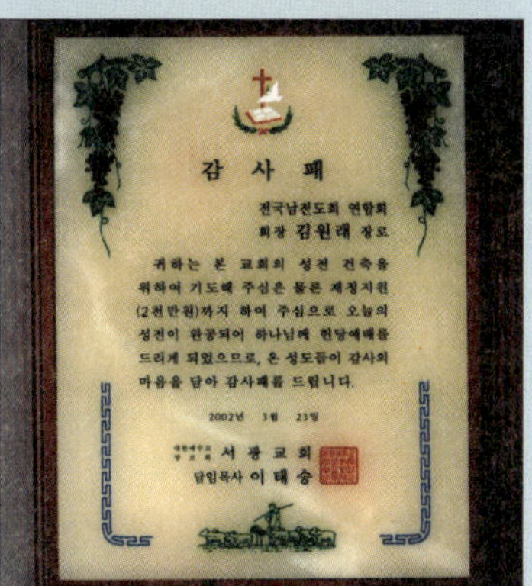

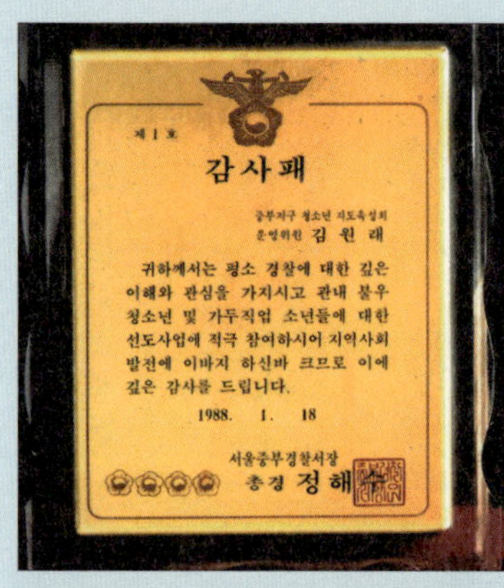

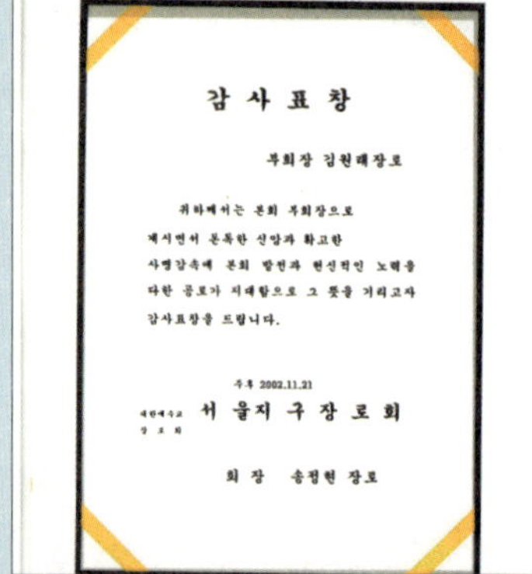

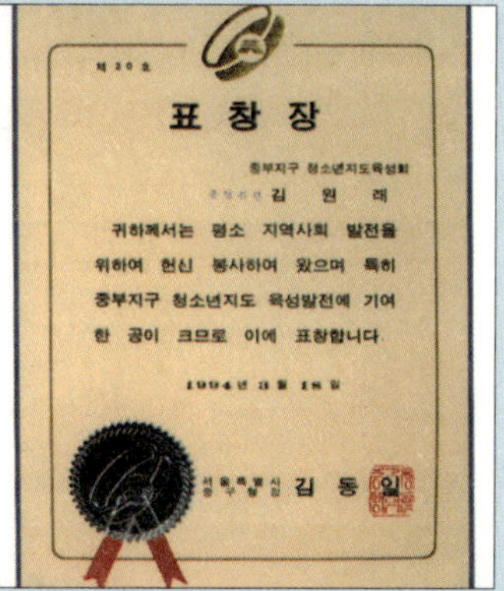

원래그랬어
하나님의 기적

초판1쇄 인쇄 2025. 5. 31.
초판1쇄 발행 2025. 5. 31.

지은이 : 김원래
펴낸이 : 양우식
펴낸곳 : 가리온
서울 영등포구 신길로 42가길3. 103호
전화 : 010-5047-6954
등록 : 제17-152호. 1993. 4. 9.

저작권자ⓒ2025김원래
전화 : 010-5226-7888

ISBN 978-89-8012-090-1 03510
정가 : 20,000원